세움
문학
04

2022 세움북스 신춘문예 작품집

단편소설 · 수필

KB190788

세움북스는 기독교 가치관으로 교회와 성도를 건강하게 세우는 바른 책을 만들어 갑니다.

 세움 문학 4

2022 세움북스 신춘문예 작품집

단편소설 · 수필

초판 1쇄 인쇄 2022년 9월 10일
초판 1쇄 발행 2022년 9월 15일

지은이 | 남기솔 외 12인
펴낸이 | 강인구

펴낸곳 | 세움북스
등 록 | 제2014-000144호
주 소 | 서울시 종로구 대학로 19 한국기독교회관 1010호
전 화 | 02-3144-3500
팩 스 | 02-6008-5712
이메일 | cdgn@daum.net

디자인 | 참디자인

ISBN 979-11-91715-51-4 [03230]

세움 문학 04

2022 세움북스 신춘문예 작품집

단편소설 · 수필

양동진	남기솔
윤덕남	이화진
곽진영	배정은
박제민	김선영
	문소영
	정슬기

세움북스

제2회 세움북스 신춘문예

제1회 세움북스 신춘문예를 통해 아직 우리 가운데 기독교 문학을 사랑하는 분들이 많다는 것을 실감했습니다. 아울러 기독교 출판계에 '문학'에 대한 관심이 점점 높아지는 현상 또한 반가운 일입니다. 이런 열망과 흐름에 발맞춰 많은 분들의 관심 속에 제2회 세움북스 신춘문예 작품집을 출간하게 됨이 기쁩니다.

특별히 이번 제2회 신춘문예는 많은 도움의 손길을 통해 함께 만들어 냈습니다. 작은 힘, 작은 걸음이 힘을 모은 결과입니다. 문학으로 보다 더 풍성해지는 한국 교회의 새로운 시절을 기대해 봅니다.

발행인 강인구

차례

2022 세움북스 신춘문예를
후원해 주신 분들

구선우, 김기수, 김동기, 김민수, 김요셉, 김제인,
김주연, 남궁경미, 노은희, 문학준, 박은경, 박정순,
서자선, 안소영, 양동진, 윤미순, 이강숙, 이동식,
이윤헌, 이정헌, 이혜정, 정연경, 정천성, 조성용,
최무진, 최승주, 최원일, 최윤정, 허수정, 황은찬

"진심으로 감사드립니다"

2022년 세움북스 신춘문예
단편소설 심사평

심사 위원 박찬호 작가
(소설가)

'소설은 왜 써야 하는가?'라는 물음에 영국의 기독 소설가 C.S.루이스는 《순전한 기독교》에서 "이러한 신 존재 증명의 도덕적 주장에 대한 근거 사례는 다음과 같다. 여타 문명과 단절된 상태인 극단적 오지에 거주하는 부족들조차도 여타 인간들과 유사한 도덕적 코드를 준수한다는 것이 목격된다. 비록 개인 간의 일상적 문제들에는 차이점들이 존재하겠지만, 용기와 충성과 같은 덕목들, 그리고 탐욕과 비겁과 같은 악덕들은 보편적이다."라고 했다.

이는 개인 간의 일상적인 문제들에 있어서는 차이점들이 존재하겠지만, 용기와 충성과 같은 덕목들, 그에 반한 탐욕과 비겁과 같은 악들은 인류 보편적이라는 말이다. 이것은 문명과 문화적인 차이로, 혹은 인류의 우수성의 차이로 나타난다. 따라서 기독교인이 책을 읽고 글을 쓰는 행위야말로 성숙한 신앙인으로 가는 척도가 아닌가 생각해 본다.

제2회 세움북스 신춘문예 단편소설 응모 작품을 통해서 기독교 문학에 대한 많은 분의 관심을 읽을 수 있었다. 응모 작품들은 대체로 신앙 체험을 소재로 했거나, 성경의 사건을 구체화했거나, 선교 기록과 같은 내용 들이 많았다. 이러한 작품을 읽으면서 요즘 한국 기독교인의 관심이 무엇인가를 생각할 수 있었다. 그런 가운데서도 인간의 존재론적인 문제를 탐색한 작품들을 여러 편 읽을 수 있었다는 것은 즐거운 일이었다. 또 해를 거듭할수록 소설적 형상화의 수준이 자리를 잡혀 가고 있고, 문장도 안정되고 있어서, 이 세움북스 신춘문예가 한국 기독교 문학의 확산에 기여하고 있음을 확인할 수 있었다.

세움북스 신춘문예 단편소설 부문 응모작들이 공통적으로 지닌 아쉬움은 세태를 심도 있고 절제된 보편성을 가지고서 반영했다기보다는, 지금 시대를 살아가는 평범한 사람들의 심성이 특별한 동기 부여 없이 이렇듯 황폐한가 하는 의구심을 갖게 했다는 데 있다. 개성 있는 인물 창조에 실패하고 있다는 느낌이다.

최종 심사에 올라온 20여 편의 소설 중에서도 1차로 여섯 작품을 수상권으로 압축해 보았다. 먼저 중국 선교의 현장을 현실감 있게 그린 〈증발(蒸發)〉, 성경의 인물 인간 유다 이야기를 문학적으로 보여 준 〈가시 이야기〉, 예수가 아무 죄가 없다는 걸 알면서도 다수의 민중에 굴복하는 빌라도의 고뇌와 역할을 소설로 형상화 시킨 〈빌라도〉, 알츠하이머병의 문제를 신앙의 눈을 통해 보여 준 〈참 아름다워라〉, 크리스천으로서 직장에서 기업의 불합리한 문제를 신앙인의 시각으로 보여 준 〈Christianus Sun〉, 요즘 가장 뜨거운 문제, 교회 내 성 문제를 다룬 〈강물처럼 함께〉, 어떠한 것이 참 신앙인인지를 다룬 〈증인〉 등의 작품들이었다. 이들 작품 중 좀 더 예술성과 완성도 면에서는 기성 작가와 경쟁해도 될 우수한 〈가시 이야기〉를 우수작으로, 미세한 차이로 〈증발(蒸發)〉, 〈참 아름다워라〉를 가작으로 선정했다.

　　전염의 시대가 언택트(Untact), 위드 코로나라는 새로운 단어를 만들고 있는 와중에 세움북스 신춘문예에 응모한 예비 기독 작가들의 글쓰기를 접할 수 있게 되어 반갑고 감사의 마음을 전하고 싶다. 글을 쓰면서 인간이라는 존재의 이면을 응시하고 인생에 숨어 있는 부조리와 절망을 발견했으면서도 저 너머에 있을 희망을 불러들이기를 주저하지 않은 예비 기독

작가들에게 고개를 숙인다. 실망하고 있을 소설 응모자들의
이름도 같이 불러 주고 싶다. 글을 쓰는 사색의 시간이 때로는
고통스러울지라도 희망을 부르는 기쁨으로 변환될 수 있기를
기도해 본다.

2022년 세움북스 신춘문예

수필 심사평

심사 위원 송광택 목사

(출판 평론가, 한국교회 독서문화 연구회 대표)

　수필은 수필가 자신이 독자와 직접 대화하는 1인칭 시점의
문학이다. 서술자가 작가 자신이므로 주관적이면서도 개성적
인 특징이 있다. 수필은 어디까지나 '나'를 중심으로 한 글이
다. 따라서 진실과 사실을 다룸으로써 진정성을 갖고 있다. 수
필에서 가장 중요하게 여기는 것은 꾸미지 않는 그대로의 삶,
즉 삶의 실체를 담아내는 일이다.

　수필은 자기 고백적인 문학이다. 따라서 수필에서 언어의
선택은 신중을 기하게 된다. 언어의 사용은 글의 품위와 직결
된다. 글의 품위는 작자의 품위와도 일치함을 생각할 때, 수필
에서 언어의 사용은 매우 중요한 문제라 아니할 수 없다.

그러나 수필에서는 미움, 슬픔, 기쁨 같은 감정을 원색적으로 드러내지 말아야 한다. 수필의 문장에서는 감정이 여과되어야 한다. 외롭고 슬프고 고독할수록 외로움, 슬픔, 고독이라는 말의 사용을 삼가야만 한다. 그런 원색적인 단어를 사용하지 않아도 전편에 슬픔과 고독이 절절하게 배어 나오도록 쓰는 것이 뛰어난 묘사법이다. 수필은 소리 내어 통곡하기보다 그 슬픔을 안으로 삭이는 글이다. 수필은 기쁨을 활짝 드러내기보다 입가에 미소를 살짝 띠게 하는 글이다.

작가 이정림은 《수필 쓰기》에서 수필의 본질을 언급하면서 "삶이 없으면 수필도 없다."라고 했다. 수필의 본질은 '허구'가 아닌 '사실'이기 때문이다. 소설의 소재는 현실 세계에서 있을 법한 이야기를 허구로 꾸민 것이지만, 수필의 소재는 바로 이 현실 세계에서 작자 자신이 직접 겪은 체험이다. 문학은 진실을 캐내는 작업이다. 수필은 우리의 실제 삶에서 진실을 캐낸다.

최종 심사에 오른 작품 가운데 대상 수상작 〈어디로 가야 할지 모르는 그곳에서〉는 불확실한 미래 앞에서 갈등과 고민이 있지만, 아브라함처럼 믿음으로 응답하려는 글쓴이의 태도가 잘 전달되고 있다. 우수작 〈사소하고 거룩한 일상〉은 목회자의 사모와 세 아들의 어머니로서 발견한 통찰을 잔잔한 감동으로 전하고 있다. 가작으로 선정된 〈졸음 탈출기〉, 〈오물 만지는 삶〉, 〈오디예찬〉은 일상에서 경험하고 만난 소재를 중심으로 본인의 생각과 느낌을 글 속에 담고자 했다.

좋은 글은 자신의 창의력에 의한 독창적인 글을 의미한다. 좋은 글은 정성이 담긴 글이다. 좋은 글은 논리가 정확하고 의미 전달이 명료해야 한다. 이 점에 있어서 부족한 점이 없지 않지만, 원고를 살펴본 선자(選者)는 마음이 따뜻해지는 경험을 했다. 하나님의 나라를 위해 현장에서 다양한 모습으로 삶을 돌파해 나가거나 자신을 세워 나가는 이들의 글들은 독자들에게도 큰 위로와 격려가 될 것이다.

1

———

단편소설

단편소설
우수작

가시 이야기

- 새롭게 돋아날 가시를 향해 -

양동진

1. '끝' 마을과 '가시' 골목

달은 조금 느리기에 해는 잠시 머뭇거리지. 노을이라는 정류장에서 붉은 어리광을 부리며. 어리고 젊은 동물들은 이 어정쩡한 시간만을 기다렸고, 이제 하늘과 교과서를 가득 채웠던 시간은 잠시 덮어 두고 땅을 가득 채울 시간을 찾아가지. '끝' 마을을 아주 시끌벅적해지게 만들 시간을…. 학교 정문과 후문에서 쏟아져 나온 동물들은 젊음의 달콤함을 쫓아 '끝' 마을의 중앙 광장으로 모여들어. 모든 골목길이 자유롭게 흐르다가 한순간 뭉쳐져 푸른 바다 같이 쏟아지는 공간, 여기서 이들은 새로운 문화를 창조해 나가지.

"늦었어, 빨리."

나무늘보 몇 마리가 맨 마지막으로 중앙 광장에 도착했어. 그곳에 도착하면 가장 먼저 보이는 것은 바로 동물 세계에서 가장 큰 바오밥나무인데, 줄기 여기저기 불에 그을린 자국과 상처들이 있었지만 여전히 굳건했어. 바람이 불 때는 나무에서 종소리가 들렸는데, 무척 아름다웠지.

"공 잡아!"

강아지가 찬 공이 공중을 가르고 있었어. 아주 어린 동물들은 주로 공놀이를 했지. 그들에겐 광장의 모든 지형지물이 놀잇거리였거든. 듬성듬성 수염이 꽤 자란 얼굴에 제법 빳빳하게 자란 털을 두른 질풍노도의 동물들은 낭만과는 어울리지 않는 굵고 갈라진 목소리로 시를 읊거나 노래를 부르기도 했지.

누구보다 자아도취에 빠진 동물들도 있었어. 학교 수업에 도통 관심이 가지 않는 심오한 괴짜 동물들이었지. 그들은 선과 악에 관한 철학적 토론을 무한 반복했어. 그들은 머리말과 첫 몇 장만 해진 두꺼운 책을 경전처럼 항상 지니고 다녔지, 눈에 띄게.

"우리에게 선이란 송곳니를 감추는 마음 아니겠어? 킁킁."

자신의 송곳니를 뽑아 만든 목걸이를 매만지며 멧돼지 한 마리가 말했지. 다들 동의하듯 고개를 끄덕였고, 지나가던 나이 지긋한 동물들은 그들의 대화를 흥미롭게 들으며 웃었어, 젊은 시절을 추억하면서. 마을의 중앙 광장에는 시끌벅적한 젊음의 무지개가 뜬 듯 보였어. 이처럼 어리고 젊은 동물들은 과연 '끝' 마을의 심장박동 같은 존재들로 여겨졌지. 낡아만 가

는 마을에 자꾸자꾸 생기를 띄게 해주는···. 미래를 생각하게
해주는···. 특히나, '끝' 마을은 수많은 동물 세계의 마을 중에
가장 서쪽에 떨어진 마을이야. 외로운 마을이지. 그래서 그런
지 마을 이름처럼 도통 처음이라든지 새로움이라고 할 만한
것을 찾아보기 힘든 곳이었어. 어리고 젊은 동물들이 없었다
면 '끝' 마을은 진작에 끝이 났을지도 모르지.

　모두가 즐거운 시간이었어. 단 한 마리의 동물만 빼고 말이
야. 그가 저들의 대화를 들었다면 이렇게 생각했겠지.

　'저런 생각은 누가 못해? 송곳니 하나 뽑고서 자랑하며, 젊
음을 낭비하는 것뿐이지. 저들은 새로운 것을 만들고 있는 게
아니라, 옛것에 추가될 쓸데없는 혹 하나를 더 붙이고 있을 뿐
이라고. 유치한 말장난이라는 혹 말이야.'

　맞아. 태초 이후로 새로운 것은 없어. 옛것, 곧 최초의 옛것
만이 새로울 뿐이지. 모두 새로움이다, 봄이다, 와자지껄 떠들
어 댈 때, 홀로 숨죽여 땅속을 헤집고 다니고 있는 그 녀석에
겐 새로움이라는 어설픈 특권일 뿐이지. 그는 오히려 그 반대
편에 서 있었어. 뒤처짐의 길에. 모든 씨앗이 싹을 틔울 때, 홀
로 흙 속에 남겨진 씨앗처럼 자신은 씨앗이 아니라 돌멩이라
고 쉬이 믿어 버리면서···. 씨앗 위로 쏟아지는 풍요로운 물줄
기의 믿음 대신 가뭄으로 갈라진 땅의 균열 사이에서 미움만
을 줄곧 받아온 돌멩이, 이해의 땅에서 오해의 바다로 던져진

돌멩이, 그래서 그는 뾰족하게 날 선 그림자를 숨기기 위해 늘 검정 속에 숨어다닐 수밖에 없었어. 그 어떤 동물들도 결코 지나가지 못하는 홀로 빛이 들지 않는 골목을 말이야. 다른 동물들이 모두 하교를 한 후에 가장 느리게. 그리고 몰래….

마을 동물들은 (잔인하게도) 그 그림자가 나타나는 골목을 '가시' 골목이라고 불렀어. 이유는 그 골목의 바닥, 벽과 가로등에는 꽃이나 빛, 향기, 귀여운 낙서처럼 평범하고 서툰 배경이 아닌 날카로운 가시만이 온통 박혀 있었기 때문이지. 그 골목을 지날 때면 날 선 가시가 사방에서 노려보는 것만 같았어. 처음 가시가 한두 개쯤 있을 땐 참고 지나갔던 동물들도 이제 빼곡히 박힌 가시들을 보면 혀를 차고 피했지. 누가 감히 골목에 그런 짓을 했는지는 아무도 묻지 않았어. 왜냐면 가시의 주인이 누구인지는 명백했거든. 바로 뾰족뾰족한 그림자의 주인, 고슴도치.

물론 고슴도치 역시 다른 동물들처럼 둥근 그림자를 가지려고 애썼어. 흩어진 열 손가락의 그림자를 뭉쳐 따뜻한 벙어리 장갑으로 만들어 보려고도 애를 썼어. 하지만 가시는 손가락이 아니니까. 손가락처럼 함께 힘을 합쳐 일해 본 적이 없지. 다른 그림자들과 달리 삐죽삐죽 흩어진 가시들의 그림자가 단 한 순간도 하나가 돼 본 적이 없는 이유이기도 해. 슬프게도 그의 통제 밖이었어.

다른 동물들은 그의 가시를 두고, 저 더러운 '가시' 골목을 만든 구제 불능의 뾰족한 저주라며 비난했어. 하지만 이 일방적인 비난을 넘길 만한 사실이 있었는데, 바로 그 골목만이 이 마을에서 유일하게 고슴도치를 받아 주었다는 거야. 날카로운 화살이 자신에게 꽂히도록 스스로 과녁이 되어 주었던 거지. 어찌 보면 더 잔인한 마을 동물들이 날린 혐오의 화살마저도…. 그렇게 그 골목은 고슴도치가 잠시나마 숨을 수 있는 유일한 방패가 됐어. 그 덕에 가시의 흔적을 공유하게 됐지만 말이야.

"후읍―"

고슴도치는 늘 그랬듯 깊이 숨을 한 번 들이쉬고는 어색한 곤충의 발걸음을 흉내 내며 '가시' 골목을 조용히 지나가기 시작했어. 모든 골목은 한 번쯤 중앙 광장에서 합쳐졌다가 다시 흩어지기 때문에, 중앙 광장을 지나는 짧은 순간에는 특히 더 신경 써야 했지. 광장의 동물들이 자신만의 창조 세계에 정신없이 몰두하고 있는 틈에 말이야. 오늘도 언제나처럼 눈에 띄지 않게 집까지 갈 수 있을 뻔했지. 하필 골목 모퉁이에 박힌 자신의 가시에 자신의 짧은 발목이 걸려 넘어지지 않았다면 말이야. 다행히 소리는 지르지 않았지만, '쿵' 하고 넘어지는 소리에 다들 '가시' 골목을 주목했지. 뾰족하게 솟은 가시 그림자가 가시에 반쯤 깨진 가로등 아래서 흔들거렸어. 동물들은 가시 그림자를 기준으로 슬금슬금 뒷걸음쳤지. 마치 자석의 S 극과 S극이, N극과 N극이 서로를 향해 보이지 않는 무한한 평 행선을 그리듯 말이야.

'난 너희를 찌를 생각이 없어.'

안타깝지만 고슴도치의 마음속 음성이 들릴 만큼 뛰어난 청력을 가진 동물은 없었어.

"저기 봐, 유다야. (넘어진 고슴도치의 이름이야.) 다들 조심해."

넘어진 유다를 보고 다들 귓속말을 주고받았어. 공놀이를 하던 어린 강아지 몇 마리는 공이 터지기라도 할까 얼른 숨기 고는 으르렁거리는 송곳니로 경계심을 드러냈어. 마치 송곳니 가 가시보다 더 위협적인 존재라는 것을 잊은 듯. "조심해. 우 리도 찔릴 수 있어."라고 조용히 나풀거리는 동물들의 입 모양 이 소란스러운 잡초처럼 여기저기서 끈질기게 자라났어. 유다 는 넘어진 채로 하늘을 바라봤지만, 바람은 여전히 침묵하고 있었지. 바람은 거짓과 잡음들을 고요 속에 흩어 버리고 진실 을 속삭여 마음과 몸을 움직여. 보이지 않는 공기로 폐와 우주 를 연결하지. 바람이 없었다면, 그리도 연약한 갈대가 우주를 간지럽힐 각오나 할 수 있었을까? 그러나 바람은 뒤처진 먹구 름 하나를 정신없이 옮기느라, 넘어진 유다를 두고도 땅의 일 엔 잠시 침묵하고 있었어.

'더러운 것과 두려운 것의 차이는 무엇일까?'

자신을 피하는 그들의 반응을 볼 때면 유다는 늘 궁금했어. 자신은 더러운 존재일까? 아니면 두려운 존재일까? 그들의 눈빛에선 이 두 가지가 항상 엉성하게 섞여 있었지.

'하긴, 둘 다 버림받은 존재니 무슨 차이가 있겠어….'

이제 유다는 그들의 조롱에 맞서고 싶은 충동에 휩싸였어. 가시 끝부터 아주 붉은빛으로 달아올랐지. 피에 굶주린 사형틀의 못처럼. 이 가시로 저들을 들이받아 버린다면, 적어도 조용히 시킬 순 있을 것 같았어. 하지만 이미 거친 혈기로 많은 동물을 상처 입힌 이력이 있었던 그는, 거친 시선과 조롱보다 자신의 가시가 더 거칠고 더 치명적이라는 것을 알고 있었어. 이제는 그 충동을 이겨 내야 했지. 더 이상 누군가의 피를 흘리게 하고 싶지 않았으니깐. 내일이면 그는 불에 던져진 노란 버터처럼, 파도의 물방울에 숨은 투명한 소금처럼, 여름에 내린 살눈처럼 이 마을에서 보이지 않을 테니깐.

'그렇게 쳐다보지 마. 나는 진 게 아니야. 너희도 이긴 게 아니고.'

유다는 조용히 몸을 일으키고는 고개를 숙인 채 어두운 길가 쪽으로 숨어서 다시 걸었어. 고개 숙여 걷는 그의 곁눈질에 동물들 틈에 안겨 있는 양이 한 마리 보였지. 모든 동물에게 사랑받는 보드라운 하얀 양털이….

'내 가시가 양털처럼 부드럽고 하얗다면 얼마나 좋았을까?'

유다는 동경과 질투, 그 미지근한 틈에서 괴로워했어. 그리고 '나에겐 저런 부드럽고 하얀 소망이 없어.'라는 균형 잃은 한 문장이 벼락보다 빠르게 내리쳤을 때, 생각의 푸른 대지에 절망의 들불이 무한히 번지기 시작했어. 그는 이제 다른 단어들을 까맣게 물들이고 있는 그 질투의 먹물로부터 도망쳐야 했지. 질투에 완전히 정복됐던 과거를 뭉개 밟으며, 집을 향해….

어찌나 빨리 달렸던지, 가시 몇 개가 민들레 씨처럼 날아가 버렸어. 금세 눈앞에 그의 집이 나타났지. '끝' 마을에서도 가장 끝에 자리한 그의 집. 집. 그래, 집이라는 껍데기. 온통 가시가 박혀 버린 자신을 닮은 껍데기. 다들 껍데기만 보고 유다를 판단했지. 온통 가시인 껍데기. 가시 속의 유다는 보지 못하고….

등대보다도 더 바다 가까이 있는 외톨이 집. 바다 쪽으로 기울어진 작은 천막이 그의 집이었어. 버려진 판자로 바닥을 깔고 가시로 천막을 고정했지. 집의 입구엔 가시 세 개를 걸어두어 단추처럼 채우거나 풀 수 있게 해뒀지. 아직은 초라하지만, 그는 틈틈이 좋은 나무를 모으고 있었어. 부모님과 함께 살았던 집과 닮은 집을 짓는 중이거든. 그는 집에 들어가기 전에 바다를 한 번 깊이 바라봤어. 바다는 동일한 길이와 넓이를 가진 육지에 비해 항상 더 광대해 보였지. 마치 건널 수 없을 것처럼….

'여긴 완벽한 섬이구나.'

자신의 집이 섬처럼 느껴졌어. 교실 모퉁이로 쫓겨난 자신의 책상처럼.

'왜 나의 삶은 늘 섬이지?'

유다가 이 세계의 외로운 섬이 된 이유 중 가장 명백한 하나는 바로 저 바다 너머에 있어. 인간 세계. 가시가 박혀 있어 펼치기 힘든 그의 역사책, 그 역사책에 의하면 동물 세계와 인간 세계는 원래 하나였다고 기록되어 있지. 그러나 무슨 이유에서인지 바다를 사이에 두고 갈라선 후로는 단 한순간도 전쟁을 멈춘 적이 없다고 해, 지금까지. '7년의 평화' 시절을 빼곤 말이야.

현대의 전쟁은 고대의 전쟁과는 많이 달라졌어. 전쟁 횟수는 줄었어도 더욱 잔인해졌지, 비대칭적으로. 바로 동물들에게 말이야. 피부를 철로 두른 인간에겐 동물의 송곳니는 간지러울 정도였어. 인간의 일방적인 침공의 시대. 동물 세계를 한 번에 몰살시킬 무기를 개발했다는 소문까지 돌았지. 하지만 그들은 동물 세계의 몰락이나 영토 확장과는 다른 어떤 목적이 있는 듯했어. 무언가를 찾고 있는 것이지. 보물 같은…. 하지만 늘 빈손으로 돌아갔어. 대신 그들은 텅 빈 손의 탐욕을 채우기 위해 의미 없는 대량 학살을 저지르고, 동물 포로들을 잡아갔지. 인간 세계로 끌려가게 된 동물들은 동물 세계의 언어를 잃게 돼. 그렇게 자기 표현과 반항의 길을 잃은 그들은 모두 시장의 상품으로 진열됐지. 그들 중 귀여운 동물들은 최고급 상품으로 팔려 애완동물이 되고, 등급이 낮은 동물들은 노동력이나 인간의 식량으로 대체되었지. 특히, 인간 세계와 가장 가까운 곳에 자리한 '끝' 마을에는 전쟁으로 입은 피해가 가장 컸어. 많은 동물이 그때 부모를 잃었지. 유다 역시 잔인하고 아슬아슬한 역사의 외나무다리에서 부모와 친척들을 모두 잃었어. 가시를 가진 고슴도치는 인간 세계에 유용하게 쓰일 만한 상품이 못 되었던 거야. 전쟁은 유에서 무를 창조하는 역사의 외나무다리지. 이별과 죽음이 맞은 편에서 걸어오는….

그러나 '가시'가 아니었다면, 그의 부모 중 한 분은, 아니 적어도 친척 중 몇 분은 그의 곁에 함께 살 수 있었을 거야. 가시가 전쟁을 부른다는 그 망할 놈의 유언비어가 동물 세계를 전염병처럼 어지럽히지 않았다면…. 전쟁의 광기가 만든 피 묻은 소문에 그들은 제물처럼 끌려가 방파제가 되어야 했지, 쓰나미의 최전선에서. 학생이었던 유다를 제외한 모두…. 그는 이제 역사의 외나무다리 위에 서 있는 '끝' 마을의 유일한 고슴도치야. 그는 아무런 감동도 주지 않는 '유일한'이란 칭호를 끔찍이도 증오했지만 말이야.

유다의 가시는 그 뿌리부터 인간과 동물을 향한 분노, 나아가 누군지 알지도 못하는 어떤 위대한 존재를 향한 슬픔과 탄

식으로 자라기 시작했어. 그렇게 가시는 점점 날카로워졌고,
그럴수록 다른 동물들은 그를 하나둘 떠나갔지. 그와 함께 전
쟁고아 보호소에서 자랐던 동물들마저⋯. 그가 보호소를 떠나
마을 끝자락까지 온 이유야. 아직 어린 그에게 자신과 비슷한
상처를 지는 친구마저 떠난 건 아주 가혹한 일이었지. 그의 작
은 모래성은 모래성의 작은 군주와 함께 마지막 한 알까지 몽
땅 바다에 휩쓸려 가버렸어. 하긴, 이제 몇 년 지나 학교를 졸
업하면, 그도 언제 전쟁터에 끌려갈지 모르니 이게 다 무슨 상
관일까 싶기도 하지. 맞아, 그는 가지치기 당하기 딱 좋은 위
치에 삐딱하게 자란 가지였던 거야. 가지와 가시, 끝없이 서툴
게 자라는 모습이 묘하게 닮은 두 존재. 그래서 그는 가지치기
당하기 전에 나무를, 마을을 떠나겠다고 늘 결심했지. 그는 그
결심을 다시 손끝에 모았어. 가시가 송송 박힌 부분을 피해 천
막 입구를 열고서 '끝' 마을에서의 마지막 밤을 향해 들어갔지.

"후우――"

유다는 집에 들어와 문을 닫고 나서야 드디어 달리는 동안
참았던 깊은 숨을 내쉴 수 있었어. 땀이 줄줄 흐르다 가시 끝
에 걸려 맺혔지. 그의 슬픔처럼 투명한 구슬이.

"뚝―뚝―"

땀방울이 노크하는 소리의 울림은 그의 집이 얼마나 텅 비
었는지를 말해 줬지. 그의 집에는 없는 것이 꽤 많았어. 가시

에 억울할 만큼 약한 것들, 예를 들면 숨과 공기가 들어간 공이나 풍선 같은. 대신 그에겐 딱딱한 야구공 하나가 있었어. 그마저도 같이 공을 주고받을 동물이 없어서 그는 야구공을 던지는 즐거움보다 야구공의 실밥을 헤아리는 일을 더 좋아했지. 잠시 마음이 쉴 수 있었거든. 그러나 무엇보다 그의 결핍을 부추기는 건 침대가 없다는 사실이었어. 부드러운 쉼과 안식. 따뜻한 부모의 품을 그립게 만드는 침대. 하지만 푹신푹신하고 부드러운 침대는 그의 가시를 버티질 못했어. 결국 그의 집에 남은 거라고는 가시가 난 그, 가시, 가시가 박힌 물건들 그리고 가시가 만든 천막의 무수한 구멍들 사이로 몰래 들어오는 햇살과 먼지뿐이었지. 그는 밖을 보기 위해, 아니 숨을 쉬기 위해 창문처럼 뚫어 둔 천막 옆면의 큰 구멍을 천으로 가리고서, 이제 막 사라져 가는 태양의 마지막 손길마저 피하고 있어. 자신의 집을 방문하는 유일한 신비로부터. 뚜욱, 뚜-우-욱, 뚜-우… 일정한 박자로 떨어지던 슬픔의 소리도 점점 느려지다가 이내 침묵 속으로 사라졌지.

'저 햇살은 다 거짓말이야. 가장 어두운 시간에는 숨어 버리는 사기꾼일 뿐이야.'

이 지긋지긋한 마을을, 아니 지긋지긋한 가시의 삶을 유다는 내일, 드디어 내일 떠나기로 했어. 그리고 가시로 뒤를 받쳐 둔 구멍 난 가족사진을 쓸쓸히 바라보면서 혹여나 부모님이 듣고 슬퍼하실까 봐 그토록 참아 왔던 처음이자 마지막 한 마디를 마음속에서 끄집어냈어.

"어머니, 아버지. 이제, 진짜 마을을 떠나야 할 때가 온 거예요."

그때, 가시를 흔드는, 우주의 갈대를 흔드는 따뜻한 감촉이 느껴졌어. 바람이었지. 천막 입구와 틈으로 사방에서 홍얼홍얼 쏟아지는 바람. 그토록 온종일 침묵했던 바람이 이제 동서남북 모든 방향에서 웅장한 오케스트라처럼 불어왔어. 수없이 외로운 그의 천막을 스쳐 지나갔어도, 단 한 번 집 안쪽까지 돌파해 온 적이 없었는데…. 마치 유다의 이 한마디를 기다려 왔던 것처럼 기이했지. 단 한 번도 바라본 적 없는, 어떠한 간절함도 없는 기적은 부동의 허수아비 뿌리마저 생명을 지닌 발가락처럼 꼼지락거리게 만들기 마련이야. 그는 이제 가시의 뿌리까지 뒤흔들리고 뒤틀리는 것을 느꼈어. 그리고 드디어 들렸지. 바람의 음성이….

"떠나세요. 이곳을 떠나세요."

혀와 입술이 없는 존재는 늘 언어의 얄팍한 명암을 초월해서 말하기에 거짓이나 '아니오'가 없지. 마치 혀가 태어나기 전 계절의 따뜻한 음성같이 말야. 그러나 유다는 그 바람이, 그 기적이 매우 거북했어. 자신이 이 마을을 떠나야만 한다면, 그것은 누군가의 명령이나 허락이 아니라 완벽한 자신의 의지여야만 한다고 믿었기 때문이지. 그래서 가시의 뿌리부터 끌어올린 한숨으로 바람을 몰아내며 답했어. 사막 같은 그의 몸 안을 오래도록 방황하던 날카로운 한숨으로….

"후… 저를 내버려 둘 순 없나요? 이제야 찾아온 당신을 저는 참을 수 없다고요. 저는 제 의지로 충분히 제 길을 갈 수 있습니다. 그러니 제발…"

누군가 바람과 같은 미지의 존재와 나누는 거룩한 대화를 기도라고 했었지. 물론 유다에겐 아직 울분과 비방과 자만으로 물든 울부짖음일 뿐이었지만…. 그러나 혼돈과 공허에 그을린 우리의 까만 혀가 아무리 허무를 높이 찬양한다 해도 하늘은 불변하는 푸른 귀를 소유했기에, 바람은 오히려 더 가까이 내려왔지. 얇은 천막마저 견디지 못해 구멍 내 버리는 가시의 비참한 운명이 사실은 아무것도 아니라는 듯이…. 유다는 처음으로 자신의 목소리가 공허하지 않다고 느꼈어. 누군가 자신의 이야기에 반응하다니! 다가오다니!

유다는 경청의 따뜻함을 처음 맛본 탓인지, 꾹 누른 스프링이 튀듯 엉뚱한 반항심이 폭발했어. 그는 재빨리 널브러진 판자와 가시를 주섬주섬 모으고서, 천막에 바람이 들어올 만한 구멍과 틈은 다 막아 버렸지. 하지만 빛은 눈으로는 찾을 수 없는 틈마저 찾기 마련이고, 바람은 빛을 따라 순종하기 마련이야. 바람은 판자를 들이받아 돌파하고는 투명한 피가 철철 흐르는 숨결로 유다의 가시들을 끝까지 어루더듬었어. 가시들은 이제 바람의 부름에 항복이라도 하듯 하나같이 살랑살랑 백기처럼 나풀거렸지. 어린 시절, 그러니까 아직 가시가 짧고 새하얗던 꼬꼬마 시절에 빗물이건, 바닷물이건, 계곡물이건, 목욕물이건 모두 장난치기 딱 좋은 똑같은 물일 뿐이던 시절, 가시건 털이건 모두 똑같은 친구일 뿐이던 시절, 동네 꼬마 동물들이 창밖에서 물을 뿌리며 같이 놀자고, 나와서 그저 같이 놀자고 부르던 소리. 그 강력하고 참을 수 없는 부름을 들었을 때처럼….

"아… 나는 어떻게 해야 하지?"

바람은 불안하게 흔들리는 유다의 가시를 보며 복잡한 그의 심정을 이해할 수 있었어.

"지금은 이해되지 않을지도 모르지만, 좀 더 밝은 눈으로 본다면 네가 붙드는 그 의지도 너의 것만은 아니란다. 우리의 것이지."

유다의 머릿속에서는 자신의 의지와 바람의 부름이 뒤엉켰어. 무엇이 그의 의지였고 바람의 부름이었는지 경계를 허물기 시작했지. 두통, 짧고 따가운 시간 후에, 산통이라는 고추장으로 잘 비빈 모험의 비빔밥이 차려졌어. 이제 숟가락을 들어 맛있게 여행을 떠나면 됐지. 그는 여전히 모든 것이 의심스럽고 만족스럽지 않았지만, 숟가락을 들기로 했어.

'그래, 당장 모든 걸 이해할 필요는 없어. 어차피 난 떠날 거였으니깐. 난 떠나겠어.'

유다는 더 늦기 전에 짐을 싸야겠다고 생각하고서 가장 먼저 시집 한 권(그는 긴 글은 참지 못했지.)과 일기장을 챙겼어. 그리고 정수한 바닷물을 담은 물통, 넉넉한 양식, 마지막으로 등불까지 챙겼지. 짐을 다 싼 유다는 언제나처럼 엎드렸어. 등을 대고 누울 수 없는 그가 터득한 나름의 잠자는 자세였지. 그는 바닥과 눈을 마주치는 것이 싫었어. 누워서 자고 싶었거든, 눈이 쌓인 어떤 날처럼. 하지만 눈은 몇 년에 한 번 기적처럼 내릴 뿐이라, 그는 체념한 채 눈을 감고 어두운 시야의 밤하늘에 수많은 별자리를 그려 봤지. 양자리, 사자자리, 큰곰자리, 황소자리…. 고슴도치자리가 없는 이유는 누워서 밤하늘을 볼 수 있는 자들이 별자리를 독점했기 때문이라고. 그러니 별 없는 바다가 그의 유일한 하늘이라고.

'별이 뜨지 않는 밤은 별똥별처럼 빨리 지나갔으면 좋겠어.'

이처럼 밤은 여행자의 고비라고 할 수 있어. 밤은 초심을 쉽게 훔쳐 가버리니깐. 종일 하늘을 여행한 태양을 데려가듯. 여행자는 대개 길고 고독한 길이 아닌 고독한 밤에 무너지는 법이지. 밤하늘의 별을 보지 못한다면 말이야. 내일의 여정은 오늘 밤에 결정 나고 말아. 바람은 출발도 전에 유다의 여행을 갉아먹는 어두운 생각을 잠시 몰아내기 위해 그의 가시 위에 살포시 앉아 말했어.

"걱정하지 마세요. 별도 태양도 모두 당신을 비추고 있답니다. 당신이 눈을 감고 있는 순간에도. 내일도 해는 뜰 것이고 당신은 눈을 뜨고 다시 걸을 수 있답니다."

바람은 붙박이별을 데려와 유다의 가슴 한편에 반짝이는 쉼표를 찍어 줬어. 앞으로의 여정을 위해 편히 쉬라고. 오랜만에 들어보는 자장가였지. 이제 자장가가 필요 없는 나이라 생각했지만, 정작 자장가는 나이를 가리지 않았어. 물론 편안히 자는 동안에도 그의 가시는 여전히 날카로웠지만….

2. '끝'마을의 끝, 검은 사막의 시작

다음날, 해도 어둠을 이불 삼아 아직 잠결에 뒤척이는 시간에 유다는 스르르 눈을 떴어. 별을 안고 평안히 잔 덕에 온몸이 개운했지. 그는 더 지체할 것 없이 가방을 앞으로 메고는 집을 나섰어. 그런데 바람이 보이지 않았어. (눈에 보인다고 착각할 만큼 어제의 바람이 생생했던 거야. 그래서 바람이 사라진 걸 단번에 눈치챘지.) 기적은 기적처럼 사라지는 거라나. 자신의 의지로 걷겠다고 호언장담했던 그의 패기는 어디로 간 건지, 정작 바람이 사라지자 마치 나침반이라도 잃어버린 듯 그는 적잖이 당황했지. 어제의 따뜻했던 밤을 파괴하는 두려움. 두려움이란 이렇게 누군가에게 의지하기 시작한 순간 찾아온단다. 이런 자신의 모습이 어색하고 민망했었는지, 그는 혼자 중얼거리며 아직은 어둑어둑한 길에 핀 이슬들의 길을 바라봤어.

"상관없어. 나는 끝까지 걸을 테니까. 방향 따윈 중요하지 않아."

그래도 다행인 건 어디로 가야 할지는 몰랐지만 (그가 있는 곳이 땅끝이었기에) 어디를 가지 말아야 할지는 분명했다는 거야.

'바다, 바다와 반대로 가면 돼.'

그렇게 아직은 잠든 바다와는 반대 방향으로, 아침의 바다인 작은 이슬들을 따라 걷기 시작했어. 그의 걸음은 평소보다 몇 배는 빨랐지. 마을의 동물들이 깨기 전에 '끝' 마을을 벗어나고팠거든. 오늘만큼은 '가시' 골목이 아닌 넓은 골목을 시원하게 달려 순조롭게 마을을 벗어났어. 마침내 도착한 마을의 입구를 밟고서 뒤돌아보자 해가 곧 떠올랐지. 바람이 어제 한 말 때문이었는지 몰라도, 마을 밖에서 맞이하는 첫 햇살은 평소와 달리 새로워 보였어. 둥근 해와 날카로운 햇살, 그리고 그들을 묶어 주는 새로운 따뜻함. 빨강, 파랑, 노랑 셋이 흠 없는 춤을 추었지. 따사롭게….

'햇살은 해의 가시일까? 생명력과 따뜻함을 갖춘 신비로운 가시, 나와 다른.'

갑자기 해가 이토록 새롭게 보이는 이유와 햇살의 정체가 유다는 궁금했어. 매일같이 꽃을 피우는 저 햇살에도 분명 뿌리가 있을 거라 생각했지. 그는 해의 근원을, 빛의 뿌리를 찾고 싶었어. 소망, 소망이었지. 자신에 대한 절망과 누군가를 향한 새로운 기대, 그 끝에서 흐릿한 소망이 자라나기 시작했거든. 영원한 첫사랑으로….

'빛의 뿌리를 찾자. 그전까진 집으로 돌아오지 않는 거야. 뒤돌아보지 않는 거야.'

유다가 끝없이 걷고 쉬고 먹고 자며 지루한 여정을 이어 가는 동안 해와 달은 교대로 그의 먼지 녹슨 하루를 남김없이 받아 갔어. 대신 오늘이라는 꽤 비싼 자유이용권을 팔아서, 영원이라는 놀이공원을 선물하는 것이 그들의 임무였지. 스스로 빛을 발하는 해는 동일한 색의 영광으로 길에 충성하는 법을, 빛을 빚지고 사는 달은 반복되는 풍요와 빈곤의 영광 속에서 균형 잡는 법을 가르쳐 줬지. 그렇게 길 위의 삶을 배우는 동안 오래된 가시들은 뽑히고, 그 자리를 새로운 가시들이 다시 가득 채우길 세 번 반복할 만큼이나 시간이 흘렀어. 몇 달이 훌쩍 지난 거야. 모든 걸 새롭게 배우는 시간의 연속이었지.

다른 마을의 고슴도치도 몇 마리 만나기도 했어. 그들은 유다와 달랐어. 가시가 없었지. 그들은 죄인처럼 매일 새벽마다 자라나는 가시를 뽑았거든. 부지런히 고슴도치라는 정체성을 버리고 산다고 했지. 그래서 그런지 그들 역시 유다를 바라보는 눈빛이 다른 동물과 다를 바 없었어. 가시의 흔적이 듬성듬성 남아 있음에도 불구하고 말이야. 눈빛. 빛 중에 가장 주관적인 빛. 그것은 길 위의 삶에 깊이 스며들수록 그를 더욱 괴롭게 하는 것이었어. 어느 마을이나 똑같은….

채워지지 않은 텅 빈 눈동자는 거울 같아서 많은 것을 비춰볼 수 있단다. 그들 눈에 한결같이 비친 건 유다의 가시였는데, 그럴 때마다 가시의 의미를 묵상하게 됐지. 가시란 뭘까? 자궁과 양수보다 더 가까이, 더 오래 그를 형성해 온 이 가시란 무엇일까? 털도 뼈도 이빨도 아닌, 깨진 유리 조각도, 날이 선 눈물도, 찢어진 초침도 아닌….

"삶은 선물이란다. 가시는 너의 삶을 아름답게 해주는 포장지이고."

유다의 엄마가 매일 아침 그에게 해주던 말이었지. 고슴도치의 삶은 곧 선물이라고. 하지만 포장지가 엉망이라 뜯기 망설여지는 선물도 있기 마련. 포장지가 두렵기까지 하면, 선물 자체가 고통이 되겠지. 뜯고 나면 선물의 진짜 정체가, 진짜 의미가 자신을 삼켜 버릴까 봐.

'아버지, 어머니, 제게 고슴도치의 삶을 선물해 주셔서 감사해요. 하지만 가시라는 포장지가 저를 두렵게 해요. 뜯을 수도, 그렇다고 버릴 수도 없는 포장지예요. 저는 삶이라는 선물을 감당하지 못하겠어요.'

생각이 눈을 잠식했어. 유다는 그들의 눈동자에 비친 현재 자신의 모습에 삼켜지기 시작했지. 새까맣게 그을린 털들, 부르튼 발바닥, 중구난방으로 자란 가시, 여행의 새로움 때문에 잊고 있던 자신의 비참한 모습과 함께. 이제 잘 묻어 뒀던 불평들이 터져 나와 비 맞은 만년필 잉크처럼 울퉁불퉁 급히 번졌지.

'빛의 뿌리는 도대체 어디 있는 거야? 밥 먹는 시간, 자는 시간, 그리고 잠시 하늘을 감상하고 별을 헤아리던 시간, 그 소중한 시간들을 제외하면 종일 걷기만 했는데도 왜… 왜 아직도 안 보이는 거야… 왜…'

마치 온 우주가 그의 지나온 모든 여정을 비웃는 듯했지. 모든 것이 그저 '끝' 마을에서의 하루처럼 반복되는 철없는 하루였을 뿐이라고. 반복, 왜 태양은 아침에 뜨고 저녁에 지는 삶의 반복을 포기하지 않을까? 왜 달은 손톱달과 보름달을 오가는 역사의 반복에 지치지 않을까? 왜 가시는 뽑고 뽑아도 다시 자라 날카로워지는 일을 지겨워하지 않을까? 반복, 그것은 아무것도 변하지 않고 있는 진공 상태가 아니었어. 오히려 빗방울을 가시보다 날카롭게 제련할 수 있는 시간의 힘이었지. 바위를 부수지는 못해도, 바위의 중심에 구멍을 내버리는…. 그렇게 존재의 깊은 심연을 괴롭도록 뒤흔드는 거야. 지금 유다의 심연에도 깊은 구멍이 생겨 버렸어. 그 구멍으로부터 흘러나

오는 심장의 울음은 마음의 균형을 깨뜨려 버렸어. 몸의 균형도 곧. 그는 발을 헛디뎠고 가파른 언덕 아래로 굴러떨어졌지. 동물 세계의 가장 동쪽이자 입구인 '기억'의 언덕 아래로….

유다가 다시 정신을 차렸을 땐, 밤은 깊었고, 눈앞에는 불면증을 앓는 진한 커피 빛 바다만 잃어버린 꿈을 찾듯 더듬더듬 춤을 추고 있었어, 바람도 없이. 짠내도 없이. 별의 누룽지 부스러기도 남지 않을 만큼 깜깜하고 삭막한 바다였지. 하늘을 비추지 못하는 녹슨 거울처럼, 끊어진 외나무다리처럼 아무도 찾지 않아 쓸쓸한…. 이토록 허무하게 동물 세계의 모든 마을을 지나버릴 줄은 그도 몰랐어. 이제 그의 뒤에는 '시작'이 있었지만, 그의 앞에는 '끝' 밖에 없었지. 끝. 아무 답도 알려주지 않은 채, 예상치 못하게 등장한 커피 빛 바다가 그의 질문에 마침표를 찍으려 하고 있었지.

'더 이상 앞으로 나아갈 곳이 없어. 여기가 끝인 거구나. 끝…. 결국, 끝에도 아무것도 없는 거구나. 바다 밖에. 저 광활한 밤의 눈물 덩어리밖에.'

유다는 지쳤어. 목이 말랐고. 저 검정 눈물을 그냥 마셔버리면, 갈증을 더욱 부추기는 패배감만 남을 거란 걸 알았지만, 더 이상 목마름을 참을 수 없었어. 그리곤 앞발을 가지런히 모아 바닷물을 떴지. 그런데 바닷물이 앞발에 고이지 않고 다 날아가 버렸지. 이상함을 눈치챈 유다는 발가락 두 개를 집게처럼 모아서 검은 바다를 꼬집어 봤지. 사각사각, 지문과 지문 사이에 느껴지는 오돌토돌한 감촉. 아! 그건 바다도, 물도 아니었던 거야. 모래. 분명 모래였지. 그러나 그의 집 앞 해변의 모래와는 달리 무거우면서도 텅텅 비어 있는 모래였어. 맞아. 검은 모래였어. 바단 줄 알았던 곳은 바로 검은 사막이었던 거야. 그는 태어나 처음으로 검은 사막 앞에 서게 된 거야. 검은 사막!

유다는 검은 사막에 대해 몇 번 들어본 적이 있었지. 정확히는 검은 사막의 모래로 만든 모래시계에 관한 이야기였어. 보통 모래시계와 달리 아래에서 위로 흐른다는. 검은 사막의 모래가 소금처럼 새하얗게 변해서 빛을 낸다는. 그 '거꾸로' 모래시계는 검은 사막을 건너온 하얀 사자란 분이 가져왔다고 했지. 그분은 '거꾸로' 모래시계를 동물 세계와 인간 세계 중간에 있는 주인 없는 섬에 세워뒀다고. 등대처럼 서서 햇빛과 달빛을 비추도록. 평화의 상징으로써. 유다는 바다 저 멀리서 비쳐 오는 기이한 빛을 본 적이 있긴 했지만, 단 한 번도 그것이 '거꾸로' 모래시계일 거라고는 생각하지 못했지. 더구나 '7년의 평화' 이후로는 검은 사막을 건너왔다는 하얀 사자를 본 동물이 단 한 마리도 없었거든. 게다가 그 시절 이전의 동물은 이미 다 세상을 떠났고 말이야. 그래서 검은 사막과 '거꾸로' 모래시계 이야기는 그냥 평화를 원했던 어떤 동물이 지어낸 하나의 민담으로 남아 있을 뿐이었지. 하얀 사자 이야기도 마찬가지이고. 밤의 공허함과 전쟁터의 밤을 달래기 위한 베드타임 스토리로 딱인 이야기였지. 그럴 만도 했어. '7년의 평화' 후로 다시 전쟁이 계속되었으니, 평화라는 단어는 일상에서 찾아볼 수 없는 사전용 용어일 뿐이었으니…. 하지만 지금 그의 눈에 보이는 이 광활한 커피색 바다는 검은 사막이 분명했어.

'거짓이 아니었어! 검은 사막은 실제로 존재하는구나.'

유다는 검은 모래를 다시 앞발로 한 움큼 쥐어 봤어. 잠시를 못 참고 발가락 사이로 빠져나가는 검은 모래를. 무거우면서도 텅 빈 감촉. 그러한 감촉은 물의 것이나 흙의 것…, 정확히는 시간 속을 사는 것과는 달랐어. 검은 사막은 시간을 묶어둘 시계 따위 없는 곳이었던 거지. 깨지고 어질러진 시간만이 자유롭게 흐르는…. 어제와 내일과 오늘 없이 뜨겁고 괴로운 어떤 좌표만 있었어. 사막은 시간의 상처인 거야. 하얀 사자가 검은 모래로 모래시계를 만든 이유는, 상처 입은 시간을 치유하기 위함이었던 거지. 모래시계가 거꾸로 흐르는 이유는, 모래를 결박했던 중력에서 해방됐기 때문이고…. 상처의 바다, 검은 바다, 검은 모래, 검은 사막. 부르기만 해도 쓰라릴듯한 이름들, 유다는 그 앞에서 잠시 망설이고 있었어. 바닷속 생물들은 늘 신비로웠지만, 그만큼 두려움을 주는 존재야. 심해에 산다고 전해지는 거대한 바다 생물들. 검은 사막, 검은 바다 아래에도 역시 무언가 있을 것이라는 막연한 두려움이 가시 끝을 물고 놓아 주지 않았지.

'내가 과연 건널 수 있을까? 아니, 건너도 괜찮은 걸까, 이 곳을?'

무의미한 질문 같았어. 아무리 둘러봐도 유다가 앞으로 나아갈 수 있는 길은 이 검은 사막뿐이었거든. 그는 조심스레 한 발을 내디뎠지. 검은 모래 위로 푹푹 그의 발이 부드럽게 잠겼어. 내친김에 몸을 던져 누워 봤어. 눈과 비슷하게 푹신푹신한 감촉. 마치 가시로 핥아먹는 달달한 모래 아이스크림 같았지. 그는 왠지 이곳이 마음에 들기 시작했어. 어떤 생명체의 재잘거림도 느껴지지 않는 적막함까지도. 그는 몇 걸음 더 걸어 보더니 확신했지. 육지 위를 걷던 것보다 침묵의 어둠 위를 걷는 것이 오히려 그에겐 더없이 안전하게 느껴진다고.

'나를 닮은 곳이야.'

맞아. 검은 사막은 자신을 닮은 자에게 부드러이 길을 열어 주는 곳이지. 공허함에 시간을 빼앗긴 채 살던 이들에게, 아무도 찾지 않는 검은 모래를 닮은 외톨이들에게…. 그렇게 유다는 상처라는 입장료를 내고 사막의 길을 본격적으로 걷기 시작했어. 부드러운 모래를 밟는 즐거운 한걸음 뒤에 지나온 시간을 버리며 나아갔지. 자신이 무엇을 위해 여행을 시작했는지는 까맣게 잊은 채, 사막의 매력에 빠져들었지. 자신이 걷고 있는 부드러운 길은 사실 검은 사막의 가면일 뿐인 것도 모르고. 검은 사막의 가면 아래, 검은 바다의 심해에 무엇이 살고 있는지도 모른 채 계속, 계속 걸어갔지.

검은 사막에 들어온 후로 유다는 밤하늘의 별을 한참이나 감상하다가 잠드는 습관이 생겼어. 사막의 밤에는 자신의 등불을 제외하고는 다른 빛이 없었거든. 까만 모래 덕에 별은 더욱 빛났고, 그는 가히 생애 최고의 침대라 할 만한 모래 언덕에 편히 누워서 별을 볼 수 있었지. '끝' 마을에서는 몇 년에 한 번 눈이 소복이 쌓인 날에만 그렇게 누워서 별을 볼 수 있었는데, 검은 사막의 밤은 그토록 미웠던 별이 점점 사랑스러워지는 시간이었지. 밤하늘에는 사실, 어둠보다 별빛이 훨씬 더 많다는 진실을 알게 되는 시간이었어.

'다들 매일 밤 이렇게 아름다운 밤하늘을 보며 잠이 들었던 거구나. 잘자 별들아.'

유다는 별에게 굿나잇 인사를 해놓고는 겁많은 꼬마가 밤새 불을 켜놓고 자듯 별빛을 하늘 가득 켜두고 잠들었어. 별로도 채워지지 않는 밤의 틈이 있는 것처럼, 참다가 참다가 결국은 눈을 감아야 하는 순간이 있는 것처럼…. 맞아. 안정감은 결코 믿음을 보장해 주지 않는단다. 검은 사막에서는…. 스스로 빛이 되지 못한 채, 요약된 빛의 잎사귀에서 빌린 일용할 안정감은 빛의 뿌리에서 흘러나오는 믿음과 달리 오래도록 간

직할 수 없는 법이지. 어둠 속을 끝까지 걸을 수 있다는 믿음, 완전한 어둠에도 끝이 있다는 믿음 말이야. 검은 사막은 믿음의 반대편에서 계속 여행자를 노려보고 있었던 거야, 아주 심술궂게. 여행자가 안심하며 자신의 깊은 곳까지 들어오길 기다리면서 말이야. 양식과 물이 떨어져 허덕이는 곳까지, 대지를 달리던 초록빛이 생각나지 않는 곳까지…. 그러면 검은 사막은 자신의 진짜 얼굴을 드러내기 시작하지, 지하 감옥처럼.

다음날, 꿈에서 깬 유다는 양식과 물이 다 떨어졌다는 사실을 비로소 알게 됐어. 낭만에 젖어 그동안 너무 안일했던 거야. 이미 되돌아가기엔 너무 깊은 곳이었지. 사막의 시간에 속아 버린 그는 이제 양식과 물을 찾기 위해 사방팔방 뛰어다니기 시작했어. 하지만 밤이 되도록 아무런 수확도 없었지. 별은 어젯밤보다 더 밝게 밤하늘을 가득 채웠지만, 그에겐 더 이상 의미 없게 느껴졌어. 검은 사막의 전략은 성공적이었던 거야. 빛이 반사되지 않는 검은 바다 위, 유다의 그림자는 상상도 못할 만큼 짙어졌어. 모래 언덕 꼭대기에 올라설 만큼 크게 자랐지. 그때, 무시무시한 크기의 검은 가시들이 사막의 힘을 빌려 속삭였어.

"나의 주인이여! 여긴 길도, 양식도, 물도 없습니다. 동서남북을 둘러보세요. 그저 모래, 가시, 그리고 그림자뿐이죠. 당신은 결국 여기서 최후를 맞이할 겁니다. 그리고 당신이 저의 그림자가 되겠지요. 제가 당신의 주인이 되고요. 반드시 그렇게 될 겁니다."

그림자의 속삭임은 결코 거짓말이 아니었단다. 현재 유다에겐 별의 말보다, 심지어 바람의 말보다도 더욱 권위 있고 진실한 얘기였지. 무척이나 두려웠고, 그 애처로운 두려움의 종착지는 바로 향수(鄕愁)였어. 향수, 고향이 없는 향수. 그래서 거짓 고향을 만들어 낸 향수. 포근한 과거라는 거짓 고향. 과거에 대한 향수로 현재를 속이지. 과거의 고통을 성장통이라고 포장해 아름답게 만들지. 성장한 것이라곤 울음, 신음밖에 없는데도, 그때가 더 나았다고 말이야. 그렇게 속고 또 속은 후 남는 건, 애초에 '끝' 마을을 떠나지 말았어야 했다는 불편한 후회뿐이지. 여행자라면 누구나 한 번쯤, 아니, 수없이 해 본 뻔한 후회….

"매일같이 가시를 뽑으면, 그래서 고슴도치가 아니게 되면… 나도 '끝' 마을에서 다른 동물들과 잘 어울리며 살 수 있지 않았을까? 분명 그럴 수 있었을 거야… 분명…"

이 시점에서 유다에게 '뒤를 돌아보지 말고, 나만 따라오렴. 이제 다 왔단다.'라고 말해 줄 누군가 있었다면 좋았을지도 모르겠어. 어쩌면 포기하라는 말보다 더 잔인해질 수 있는 그 순수한 격려를…. 하지만 완주해 본 자가 건넬 때 우주보다 크고 빛보다 빠르게 침투하는 격려를…. 하지만 미완성, 그것만이 죽음의 번데기 속을 살아가는 애벌레 같은 이 세계의 생명이 할 수 있는 최선이지. 번데기 내피에 밤새 꿈을 끄적거려 봐야 마침표는 찍지도 못하고 날아가 버리지. 유다는 작은 쉼표라도 찍고 도망가려고 뒤를 돌아봤어. 하지만, 곧 다리에 힘이 쭉 풀려 주저앉았지. 그의 지나온 발자국들이 물수제비처럼 순식간에 사라지고 안 보여서. 다리는 마음의 하수인인지라, 마음처럼 주저앉은 채 짧은 고개만이 최후의 파수꾼이 되어 이리저리 주위를 살폈지. 벼랑 끝의 벼랑에서….

'집… 집으로 돌아가야 하는데… 발자국… 돌아갈 길이… 어디였지? 아… 나는 어디로… 가야 하지?'

유다의 마음은 절망으로 벌거벗은 채, 멍든 달팽이 집 깊숙이 숨어 버렸지. 설상가상으로 모래 안개까지 끼기 시작했어. 태양에 작은 틈도 내주지 않으려는 거친 암막, 한 치 앞도 볼 수 없게 그의 시야를 빼앗았어. 검은 모래는 그의 심장까지 파고들었고, 까만 기억들이 지하로부터 손을 뻗어 아래로 끌어당기는 것 같았지. 이제 살기 위해서라도 안개를 빠져나가야 했어. 방향도 모른 채 그저 달팽이 집을 지고서 힘을 다해 기기 시작했어.

"여기 누구 없나요? 살려 주세요! 제발 살려 주세요….."

유다의 목소리는 폭우를 지나는 달팽이의 눈물처럼 모래 안개에 묻혀 버려서 들을 수 있는 이가 없었지만, 그는 다시

기도란 걸 하고 있었어. 자신도 모르게.

"으으윽! 으읍…"

한참을 기어가던 유다는 갑자기 얕은 비명을 질렀어. 소심한 성격 덕에 끝까지 지르지 못하고 속으로 삼켜 버렸지만…. 그는 무언가 자신의 살을 뚫고 들어왔음을 느꼈어. 견고한 가시의 진을 뚫은 뾰족한 무언가를. 익숙한 감촉이라 그것이 가시임을 금방 알 수 있었지. 이내 붉은 피가 흘렀고, 붉은 증인이 깨어났어. 피는 그날의 폭력을 피고석에 세웠지.

'저기 털 없는 녀석을 봐. 가시의 저주를 받은 녀석이라고! 그의 부모처럼 말이야!'

그 조롱이 아니었다면, ('털'이 동물에게 영화의 증표임을 안다면 방금 조롱의 무게를 이해할 거야. 부드럽고 위대한 갈기는 지도자가 반드시 지닐 아름다운 덕목 중 하나지.) 그 철없는 말에 정신을 놓지 않았다면, 피의 증언은 달라졌을 텐데. 선 넘은 보복…. 유다는 피의 심판자가 되어 용서 없는 정의의 가시를 마구 휘둘렀지. 그렇게 자신을 조롱했던 동물과 정신없이 싸우다가 그만, 지나가던 무고한 어린양 한 마리를 깊게 찌르고 말았던 거야. 그 양의 털은 붉게 물들었고, 한쪽 눈을 잃고 한쪽 다리를 절게 되었지.

'그 양은 지금 어떻게 살고 있을까?'

죄책감, 커다란 엄지손가락이 개미처럼 작아진 자신을 누르는 기분. 그런데 이상하게도 죄책감을 앞서 그의 입꼬리를 지배했던 건 오묘한 통쾌함이었지. 동물들이 그토록 애지중지 사랑하는 양. 항상 미움만 받는 자신의 반대편에 서서 웃고 있는 그 양에게 한 방 먹인 것 같은 기분. 비겁했지만 통쾌했지, 그 순간은…. 하지만 그게 진짜 저주의 시작이었어. 승리했다는 착각에서 오는 쾌감에 중독되어 그 후로 한동안 피의 폭력으로 점점 날카로워지는 가시를 숭배했지. 마을을 떠나야겠다는 결심을 하기 전까지 말이야.

아, 피의 감촉은 상처의 통증과는 비교도 안 되게 괴로운 것이야. 과거는 상처보다 지독한 흔적을 남기는 녀석이었던 거지. 이 아찔한 감촉으로부터 깨어나려는 심판자는 언제든 유다를 지배할 준비가 돼 있었던 거야. 그는 상처를 부여잡고 가시가 찔러 온 방향의 허공을 향해 노을이 흐르는 눈시울로 물었어. 과거의 감촉을 필사적으로 억누르며….

"누구세요? 지금 거기 누구 계신가요?"

3. 가시가 가시에게

"음, 나를 이야기하는 건가? 하긴 여기 나 말고 누가 있겠어. 허허 나야 나. 여기, 자네 옆에. 그래, 그리고 좀 더 위를 봐. 맙소사, 너, 나의 가시에 찔렸잖아! 이런… 이런… 모래 안개

때문에 아무것도 보이지 않아서 나도 모르게 방심했구나. 후우~ 후우~"

어둠 속의 한 목소리가 숨을 두어 번 내쉬자 모래 안개가 조금씩 걷혔어. 유다는 자신과 대화하는 상대가 점점 뚜렷이 보이기 시작했단다. 놀랍게도 그의 눈앞에는 바오밥나무만큼 거대하고 통통한 오이가 우뚝 서 있었지. 그래, 그의 눈에는 그것이 분명 초록 오이로 보였어. 다만 그 오이에는 가시가 빽빽이 나 있었는데, 끝이 무디고 희끗희끗한 가시들이 눈동자처럼 자신을 지긋이 바라보는 것 같았고, 무엇보다 그 가시는 위협적이지 않았어. 일부러 자신을 찌른 것이 아님이 분명히 느껴질 만큼. 그는 자신의 가시와는 뭔가 묘하게 다른 가시임을 알 수 있었지. 가시와 가시의 조우. 감당할 수 없이 솟아오르는 호기심이 통증을 잠시 잊게 하는 진통제가 됐단다.

"언제부터 여기 계셨던가요?"

"언제부터냐고? 허허. 나는 평생을 여기서 살았단다. 네가 태어나기 한참 전부터 말이야. 그러고 보니 모래 안개를 일으킨 게 너였구나."

"아니요. 저는 모래 안개를 일으킨 적이 없는걸요."

"허허. 아직 검은 사막에 대해서 모르는 게 많은 것 같구나. 검은 사막은 여행자를 따라다니며 여행자의 마음을 흉내 낸단다. 짙은 안개는 네 마음속에서 먼저 시작된 거지. 모래들은 그런 너의 마음을 흉내 냈을 뿐이고. 모래 안개가 내가 내쉰 숨에 속아 바람인 줄 알고(그들은 바람을 무척 두려워한단다.) 도망치지 않았다면, 아니지, 아니야. 그전에 네가 만약 내 가시에 찔리지 않았다면, 우리는 영영 만나지 못할 뻔했어. 그나저나 상처를 치료해야겠구나. 내게 상처를 한번 보여 주겠니?"

유다는 상처를 보여 주길 머뭇거렸어. 아직 자신 앞의 존재가 의심스러웠거든. 상처는 분명 쓰라렸지만 갑작스럽게 나타난 그의 존재가 더 신경 쓰여서 다시 묻지 않고는 견딜 수 없었어.

"죄송해요. 아직 저는 어르신이 누구신지에 대한 답을 듣지 못했어요. 상처는 괜찮은 것 같아요."

"이런 이런, 내 소개가 늦었구나. 내 이름은 엠마오라고 해. 검은 사막의 식물이자 검은 바다의 등대인 선인장이지. 이렇게 검은 사막에 살면서, 여행자들이 검은 사막을 안전하게 벗어날 수 있도록 길을 비춰 준단다. 그럼, 귀여운 가시 친구, 네 이름은 뭐니?"

"저는 유다라고 해요. 고슴도치죠."

엠마오 어르신은 유다의 이름을 듣자마자, 통통하게 잘 자란 쌍둥이 가지를 양편으로 쭉 뻗더니 바람개비처럼 흔들었어, 천진난만한 어린 봄비처럼.

"오! 유다! 너의 가시처럼 아주 아름답고 지혜로운 이름을 물려받았구나. 존재하는 모든 것은 누군가를 찬양하기 위해 태어난단다, 너의 이름처럼. 우리는 모두 찬양하기 마땅한 존재를 찾기 위해 헤매고 다니지, 평생을. 허허. 그런데 표정을 보니, 나 같은 식물은 처음 보는 모양이구나. 선인장은 처음 보니?"

유다는 '가시처럼' 아름답고 지혜롭다는 엠마오 어르신의 표현에 움찔했어. 그런 말을 처음 들어봤거든. 단 한 명도 그의 가시에 대해 그렇게 표현해 준 적이 없었지. 그는 이때까지 만난 어떤 동물과도 다른 어떤 따뜻함을 엠마오 어르신에게 느끼고 있었어. 게다가 어르신은 사막의 등대니 분명 길을 알 것 같다라는 생각에 희망마저 보이기 시작했지.

"네, 맞아요. 제가 살던 마을에는 어르신처럼 가시가 난 식물은 없었어요. 다 부드럽고 얇은 잎을 가지고 있었지요. 그 마을에서 가시를 가진 존재는 저뿐이었거든요. 그런데 어르신! 어르신이 진짜 검은 사막의 등대라면 분명 제가 가야 할 길을 알고 계시겠지요! 그 길을 알려 주시겠어요? 저는 지금 길을 잃었거든요."

엠마오 어르신은 한껏 기대에 부푼 유다의 눈빛을 보며 젊은 시절의 서글픈 자신을 발견했어. 그 젊은 눈동자가 원하는 답이 무엇일지 알았지만, 그는 진실을 말해 줘야 함을 알았지. 자신이 유다가 기대하는 답을 가지고 있지 않음을….

"유다야. 우선, 길을 잃는 것과 길을 모르는 것은 다르다는 걸 기억하렴. 너는 길을 잃은 것이 아니란다. 다만 지금은 길을, 정확히는 길이 존재한다는 사실을 모르고 있는 것뿐이라고 말해 주고 싶구나. 그리고, 아쉽지만 나는 '네가 걸어갈 길'은 알지 못한단다. 사실 그건 그 누구도 알지 못한단다. 너만을 위한 길이란 없기 때문이지. 대신 나는 '모두가 만나야할 길'에 대해 알고 있어. 등대란 모두를 위한 것이니깐. 나는 길을 안내하는 나침반이 아니라, 길이 존재한다는 사실을 비추는 등대일 뿐이란다. 그저 길이 너를 찾아오고 있다고 말해 줄…. 이것은 네가 기대하는 답이 아니었는지도 모르겠구나. 하지만 우리가 만났다는 사실 자체가 이미 잘 가고 있다는 이정표이니, 길에 대해서는 더 이상 염려치 마렴. 것보다, 나는 네가 검은 사막에 어떻게 오게 된 건지 궁금하구나. 오래도록 이곳까지 온 여행자는 없었거든."

유다는 자신이 원하는 답이 아니라 실망하기도 했으나, 엠마오 어르신의 말씀이 어떤 의미인지도 아직은 정확히 이해할 수 없었어. 다만 그의 한마디 한마디에서 따뜻한 햇살의 기운이 느껴져, 자연스럽게 수긍하게 된 것일 뿐. 유다는 엠마오 어르신의 말처럼 실타래처럼 꼬인 염려들은 잠시 내려놓고 자신의 이야기를 하기로 했어.

"저도 제가 검은 사막까지 오게 될 줄은 몰랐어요. 다만 저는 지금 빛의 뿌리를, 그리고 제 가시의 의미를 찾고 있을 뿐이었죠. 아무것도 찾지 못한 채 포기를 생각할 때, 우연히 검은 사막을 발견해서 이곳까지 오게 됐어요. 그리고 어르신의 가시를, 그러니깐 어르신을 만나게 된 거죠. 어르신은 저보다 많은 가시를 가지고 계셔서 그런지 저보다 저를 잘 아시는 것 같아요. 저는 어르신처럼 그렇게 말해 주는 그 누구도 만나 본 적이 없어요."

"힘들게 이곳까지 왔구나. 잘했어, 정말 잘했어. 이렇게 가시와 가시로 만나게 돼서 기쁘구나. 세상엔 가시를 이해하는 이가 많지 않단다. 대부분 가시가 없으니깐. 평생을 만나지 못할 수도 있지. 나도 오랜 세월 여기서 살았지만, 그분을 만나기 전까지는 그 누구도 가시의 진짜 의미에 대해 알려 주지 않았단다. 다들 몰랐던 거지. 나는 아직도 빛을 발하는 흰 가시 갈기를 왕관처럼 두르고 이곳을 지나가셨던, 그날의 위대한 하얀 사자님을 잊지 못한단다."

하얀 사자님 이야기를 하는 엠마오 어르신의 눈에 눈물이 그렁그렁 포도알처럼 맺혀 있었어. 눈물은 마침표를 빨리 찍으려는 상대방으로부터 물음표를 이끌어 내는 힘이 있지.

"하얀 사자님. 혹시 그분에 관해 좀 더 자세히 이야기해 주실 수 있나요?"

"물론이지. 그분에 대해 이야기하는 건 나에게 늘 즐거운 일이란다. 그분을 처음 봤을 때 말이지, 그분은 심장보다 붉게 이글거리는 갈기를 휘날리며 이곳을, 검은 사막을 지나가고 계셨단다. 그분은 열쇠 모양의 황금 송곳니로 검은 사막을 마치 종이 문처럼 찢어 열었어. 포효 한 번으로 검은색을 몰아내고 새하얀 소금 길을 만들었지. 발자국이 찍힌 자리마다 오아시스가 터져 흘렀고, 하얀 구름과 오아시스가 만나는 자리에 안개꽃이 만개해서는 새하얗고 긴 카펫을 깔았지. 커다란 입으로 활짝 웃으시면 해가 더 밝아졌고, 숨을 내쉬면 초록을 태웠던 까만 공기와 붉은 아지랑이가 물러갔고, 눈물을 흘리시면 우수수 맑은 비가 내렸지. 봄, 사막에 봄이 왔던 거야, 처음으로. 새하얀 봄, 그것은 당시 막 선인장 무리의 우두머리가 되었던 내가 이곳에서 처음 느껴보는 충격이자 새하얀 평화였어."

"이곳에 봄이라니요, 검정밖에 없는 이곳에… 저로서는 상상할 수가 없네요."

"맞아, 맞아. 그날만큼은 검은 사막이 아니었지. 그리고 그날 나도 봄의 일부가 되었단다. 부끄러운 과거지만, 당시만 해도 선인장은 검은 사막의 맹수라 불렸었지. 나는 그날도 길 잃은 여행자를 찌르고 약탈하기 위해 군침을 흘리며 사막을 휘젓고 있었지. 그때까지 나는 내 가시가 동물의 이빨과 다름없다고 생각하며 살아왔거든. 남을 물어뜯기 위해서, 검은 사막을 죽음으로 가득 찬 검은 무덤으로 만들기 위해서…. 나는 내 모든 가시가 송곳니가 되길 바랐고, 약탈을 거듭하면서 실제로 그에 버금가는, 아니 뛰어넘는 힘을 얻었단다. 그 힘으로, 그 가시의 힘으로 나는 참 많은 일을 저질렀지. 누구에게도 말할 수 없는 많은 일을 말이야. 내 생의 절반을, 내 젊음의 시간을 그렇게 써버린 거지. 결국, 난 날카로움의 정점에 이르러 선인장의 우두머리가 되었단다. 나의 명성은 검은 사막 너머까지 퍼졌고, 검은 사막으로 들어온 자라면 누구나 두려워하는 존재가 된 거지. 그런데 말이야. 놀랍게도 그분은 내 가시를 전혀 두려워하지 않았어. 오히려 긍휼의 눈, 연민의 눈으로 바라보셨지. 그분의 눈빛을 보는데, 그 눈빛이 말을 거는데, 가시 위로 따듯한 빗물이 내려앉는 것 같았어. 오래도록 쌓인 검은 사막의 모래를 씻어내면서 말이야. 나는 처음으로 빛을 보았던 거야. 가시는 이빨이 아니라 나의 눈이었던 거야. 그런데 나는 그동안 눈을 감고 살았던 거고 그날 다시 눈을 뜬 거야! 내가 눈을 들어, 가시를 들어 그분을 보자, 그분은 나를 보고 웃으셨어. 우주와 함께, 별들과 함께…. 아, 나는 그 순간 무례하고 용감하게 그분께 부탁했지. 이곳에 저와 함께 계셔 달라고. 하지만 그분은 '끝' 마을을 향해 간다고 하셨지. 이유는 말해 주지 않으셨어. 하지만 꼭 가야 한다고 하셨지. 그렇게 무려 7년 뒤에 다시 이곳으로 돌아오셨을 때, 나는 깜짝 놀랄 수밖에 없었지. 그분의 모습이 완전히 달라지셨거든. 그분은 여전히 영원한 봄처럼 따듯했지만, 분명 그 모습은 전과 달리….”

엠마오 어르신은 잠시 뜸을 들였고, 유다는 재촉했어.

“하얀 사자님, 그분에게 무슨 일이 있었던 거죠?”

“그분에게 정확히 무슨 일이 일어났는지는, 나도 정확히 알지 못하겠구나. 그분이 이곳으로 돌아오시기 전, 동물 세계와 인간 세계 사이에 아주 큰 전쟁이 있었다는 소식만 들었을 뿐. 철옹성 같은 검은 사막에도 지진이 난 것처럼 떨림이 전해질 만큼 큰 전쟁. 그래, 그분은 그 전쟁에서 첫사랑 같던 붉은 갈기를 다 잃고 돌아오셨지. 그분의 아름다운 갈기가 휘날리던 자리에 이제 가시덤불처럼 뒤엉킨 가시들이 자라 있었단다. 그분은 우리처럼 가시를 지니시기로 한 거야, 우리처럼. 처음엔 너무나 슬펐어. 가시를 제대로 보기 전까진 말이야.”

“가시를요? 도대체 왜 영광스러운 갈기를 포기하시고, 이 부끄러운 가시를….”

“아니야, 아니야, 그분의 가시는 연약했지만, 부끄럽진 않았단다. 오히려 이전의 붉은 갈기보다도 영광스러워 보였지. 그분의 가시는 우리의 가시와는 완전히 달랐거든. 끊임없이 강해지려고만 하는 우리의 가시와는…. 승리한 백기처럼, 겸손히 휘날리고 시험을 이겨 낸 백지처럼 지혜로운 새하얀 가시(Thorn)는 이제 그분의 왕좌(Thron)였지! 우리의 것과는 비교

할 수 없을 정도로 연약했기에 오히려 가장 위대하고 빛나고 사랑스러운 가시였지! 가시의 진짜 본모습이 있다면 그것일 거야, 바로 사랑. 두려움을 두렵게 하는 사랑, 성난 가시의 심판을 두려움에 떨게 하는 사랑. 영원한 가시 속에 흐르는 영원한 사랑. 뽑히거나 다시 날 필요가 없는. 그런 사랑을 마주한 순간, 그분의 가시를 만지는 순간, 내 가시의 존재 이유가 바뀌었지. 내 가시는 그분의 것이 되었고, 그분의 가시 역시 나의 것이 되었단다. 이제 나의 모든 가시는 그분만을 위해 존재한단다. 분명….”

그의 이야기를 듣는 동안 유다의 눈가에도 눈물이 고였어. 그토록 상상하던 누군가가 실재한다는 이야기를 듣는 순간, 이전의 고생은 다 사라지고 다시 심장이 뛰었지. 더 이상 이대로 가만히 있을 수 없을 만큼!

“그분은 지금 어디 계시죠? 그분을 만나고 싶어요. 저에게 가시가 존재하는 이유에 대해서 알고 싶습니다. 나의 가시가 그분의 것이 된다는 게 어떤 의미인지도요.”

엠마오 어르신은 그의 마음을 십분, 아니 백분 이해할 수 있었어. 하지만 안타깝게도 그 역시 하얀 사자님이 지금 어디에 계신지는 알 길이 없었지.

“유다야, 미안하구나. 아까도 얘기했지만, 나는 길이 존재한다는 사실, 그분을 만날 수 있는 길이 존재한다는 사실 말고는 알 수 있는 게 없단다. 그분이 어디에 계시는지 아는 것은 내 지식 밖의 일이란다. 다만 한 가지, 네가 반드시 해야 할 일은 알고 있지."

"반드시 제가 해야 할 한 가지 일? 그게 무엇인가요? 저는 꼭 그분을 만나야겠습니다. 제가 해내겠습니다."

"음, 그건 말이지. 단순하기에 어려운 일이지. 가던 길을 계속 가는 것, 걸음을 멈추지 않는 것, 그것뿐이란다. 네가 기대하는 과정과 결말에 대한 상상을 버리고 말이야. 내일에 대한 확신에 찬 상상을…."

유다가 기대했던 대답과는 달랐어. 그분의 존재를 알게 된 이상, 내일에 대한 확실한 답을 갖길 원하고 있었거든. 그분을 만날 수 있는 정확한 날짜와 시간과 거리를 계산할 수 있는 답을…. 하지만 엠마오 어르신의 답은, 무지개를 원하는 그에게 홍수가 아닌 눈보라를 지나가라는 거였어. 눈이 내린 후에는 무지개가 뜨지 않는다는 사실을 경험으로 알면서도, 기약 없는 무지개를 고대하며 걸어 보라는 것이었지.

"걷는 것은, 그것은 할 수 있습니다. 하지만 어떻게 하면 내일에 대한 상상을 버리고 걸을 수 있을까요? 검은 사막, 끝이 와야 행복할 것 같은 이곳을 지나면서 말이에요."

"그것 역시 단순하지만 어렵단다. 상상이 아닌 오늘의 현실을 걸으면 돼. 하루살이의 날갯짓같이. 상상보다 더 강력한 현실을. 보이지 않는 오늘로 보이는 오늘을 덮으면, 그분이 오늘도 여기 계신다는 강력한 현실을 볼 수 있지. 그러면 영원한 내일 속에 여행자를 가두려고 하는, 무한한 도돌이표 같은 검은 사막의 손아귀를 피할 수 있단다. 검은 모래의 물결은 여행자보다 앞서 흘러가 계속 같은 곳에 머물도록 만들거든. 이곳을 벗어날 내일만을 상상하도록. 그러니 검은 사막을 끝낼 수 있는 것 역시 너의 '걸음' 뿐이야. 갈라진 네 마음을 흉내 내는 도돌이표를 뚫고 지나갈 수 있는 걸음! 물론, 너도 이제는 깊이 깨달았겠지만, 검은 사막은 만만한 상대가 아니야. 검은 모래는 눈처럼 부드러워 보여도 전혀 달라. 속임수지. 눈은 빛과 열(熱) 앞에 녹아내리지만, 검은 모래는 절대 녹지 않아. 오히려 더욱 뜨거워지지. 검은 모래는 가짜 부드러움인 거야, 실상은 매우 거친. 여기서 잘못 발을 헛디뎌 구르는 날에는 검은 모래에 쓸려 상처가 나버리지. 게다가 열(熱)을 오랫동안 삼킨 뜨거운 모래를 만나게 된다면, 너의 발바닥은, 걸음은 심각한 위협을 받겠지. 그래도… 그래도 계속 갈 수 있겠니?"

유다는 보이지 않는 앞을 바라봤어. 그리고 나서 뒤를 한번 돌아봤지. 뒤로 돌아가면, 멀긴 해도 집이 나오는 것이 분명했어. 익숙한 뒤와 낯선 앞. 시끄러운 침묵이 그를 따뜻한 상상의 늪으로 물고 늘어졌고, 유다는 침묵을 파괴하고 괴로운 입을 열었어.

"어르신의 이야기를 쭉 들으면서 많은 생각을 하게 됐어요. 날카로운 가시의 삶이 무엇인지 저도 알아요. 저에게도 그런 후회의 시간이 있거든요. 그때는 그게 단순히 잘못됐다고 생각했지만, 지금은 그게 끔찍하다는 생각이 들어요. 그 시간을 우주에서 다 지워 버리고 싶을 만큼 피에 중독되어 버렸던 그 시간을. 그 시간 때문에, 제가 과연 앞으로 나아가는 게 맞는 것인지 고민이 돼요. 제가 감히… 그분을 만나도 되는 것인지… 왜 갑자기 저에게 이런 말도 안 되는 기회가 주어진 건지….."

"유다야. 후회는 앞으로 나아가는 것을 막는단다. 후회는 기대보다 강한 듯 보이거든. 하지만 아직은 기회가 남았다는 사실을 명심하렴. 기회는 네가 아닌 그분의 손에 있는 것이란다."

"저에게 기회가 남아 있다는… 그런 증거가 있나요?"

"독. 바로, 독이지. 네 가시엔 아직 독이 없지 않니? 독은 기회는 물론이고 최후엔 자기 자신까지 사라지게 만든다. 폭력성에 중독되어 그것이 걷잡을 수 없이 폭발한다면, 마침내 가시에 독까지 품게 되지, 뾰족한 가시 끝에. 그러니 너의 가시 그림자가 검은 사막을 닮아 더 자라지 않도록 주의하렴. 그늘이 되지 못한 그림자는 클수록 저주가 되는 것처럼, 어둠이 숨어드는 최적의 장소가 되지 않도록…. 만약 그대로 방치한다면, 너의 가시 역시 독을 품게 될 거야. 그러나 아직 독을 품지 않은 너에겐 기회가 충분하단다, 유다야. 무엇보다 나를 만났잖니? 무수한 만남은 다 기회의 증거란다. 그러니 검은 모래의 휘장을 걷고 찢으며 앞으로 천천히 나아가렴, 천천히. 지금 당장 모든 과거를 끊어 낼 수 있다는 조급함은 버리고 말이야. 시간의 치료자인 그분을 의지하면서 말이야. 그분은 엎지른 물도 다시 잔에 담으실 수 있으신 분이란다. 물론, 우리가 상상하는 속도와 늘 다르지만 말이야. 햇볕을 쬐어 흩어진 작은 물방울들을 증발시키고 비구름으로 모으신 후에, 작은 빗방울을 하늘로부터 땅까지 겸손히 낮추시는 오랜 과정을 통해서 다시 잔을 채우신단다. 느린 기적이지. 하지만 기억하렴. 그분은 밤보다 느리지만, 아침보다 일찍 오신다는 것을…."

엠마오 어르신의 말이 큰 위로가 되긴 했지만, 유다는 여전히 자신이 없었어. 기회를 붙잡을 수 있는 자는 분명 강한 자여야 한다는 생각이 머릿속을 지배했지. 아니, 약한 자라고 해도, 자신과 달리 순결하고 정의로운 사람이어야 한다고…. 그럼에도 그분을 만나고 싶다는 생각만은 그를 계속 물고 늘어졌지만, 유다는 이제 이 여행을 거부할 수 없다는 걸 알면서도 마지막 핑계를 찾았어.

"저는 연약해요. 작은 동물이라고요. 저는 검은 사막을 이길 자신이 없어요. 이 여정을 감당할 수 없어요. 가다가 분명 길을 잃을 거예요. 그리곤 다시 의심하겠죠. 모든 것을…."

"허허. 길을 잃을 염려는 할 필요 없단다. 길이 너를 찾고,

길이 너를 안단다. 길이, 곧 그분이 너를 아는 이상 사막은 더이상 너에게 위협이 아니란다. 그러니 의심이 네 마음을 침범한다면, 노래를 쫓아가렴! 그림자가 지지 않고 종횡무진하는 그분의 노래를, 빛의 노래를. 그분은 먼 길을 오느라 지친 여행자에게는 노래로 말씀하시는 것을 좋아하신단다. 사막에도 모래보다 많은 노래가 불어오고 말이야. 단, 악기가 아니라 노래에만 집중해야 해. 훌륭한 연주자를 믿으며, 하얀 음표 하나하나, 투명한 쉼표 하나하나를 밟으며 걸어야 해. 나는 이곳에서 유다 너의 귀가 항상 열려 있길 기도할 거야."

노래, 그것은 악한 생각을 몰아내고 마음에 힘을 주는 데 능숙하지. 엠마오 어르신의 말이 끝나자, 유다의 귀에 그동안 들리지 않았던 노랫소리가 들리기 시작했어. 마음을 짓누르던 무언가가 흩어지면서 긴장이 풀렸고, 잊었던 상처의 통증이 다시 느껴지기 시작했지.

"으앗!"

유다가 갑자기 소리를 지르자 놀란 엠마오 어르신은 상처를 들여다봤어.

"아이고, 내 정신 좀 봐. 너의 상처를 먼저 치료했어야 했는데…. 어디 보자. 이젠 내 가시들도 다 늙어서 다행히 상처가 깊지 않구나. 상처엔 이게 효과 만점이지. 잠시…"

엠마오 어르신은 자신의 머리 위에 핀 꽃 한 송이를 만지작거렸지. 사막과 대비되는 아주 하얀 꽃이었어. 꽃부리에서 가장 크고 아름다운 꽃잎 한 장을 떼고는, 무언가를 기다리듯 꽃잎을 가만히 쳐다봤지. 꽃잎의 뾰족한 끝에서부터 붉은빛이 번지더니 가을 단풍처럼 붉게 익었어. 그는 이제 괜찮다는 듯한 표정으로 꽃잎을 자랑스레 보여 주며 말했지.

"신비롭지 않니? 꽃은 검은 사막에 남은 유일한 봄의 흔적, 생명의 흔적이야. 나는 평생 꽃 열두 송이밖에 피우지 못했지만…. 허허. 남들은 한철에 다 피우고도 남을 꽃을 나는 평생이 걸려 피웠던 거야. 게다가 여섯 번째 꽃까진 꽃의 의미도 알지 못한 채 무의미하게 흘려보냈어. 하얀 사자님을 만나기 전이었거든. 지금 네가 보고 있는 이 꽃은 열두 번째 꽃이란다. 아마도 나의 마지막 꽃이겠지. 이 꽃잎을 상처에 이렇게 붙이면…."

엠마오 어르신은 상처 부위에 꽃잎을 정성스레 붙여 줬어. 상처가 나을 때까지 떨어지지 않도록 기도하며…. 상처에 꽃잎이 잘 붙었는지 찬찬히 살펴보다가 다시 말했지.

"꽃잎 한 장을 요렇게 가만히 들여다보고 있으면, 그분을 하루 종일 떠올릴 수 있단다. 그리고 가시 하나면 평생 그분을 떠올릴 수 있지. 사막에서 참 오래도 살았지만, 이제 나는 푸르름과 젊음 없이도 청춘을 사는 법을 알게 되었단다. 그분 때문에. 이젠 이 꽃이 없어도 난 누구보다 아름답게 살 수 있단다."

엠마오 어르신은 그의 마지막 꽃 한 송이를 통째로 떼어 유다의 손에 쥐어 줬어.

"앞으로 꽃잎을 쓸 일이 일어나지 않으면 좋겠지만, 혹 그런 일이 생긴다면, 이 꽃잎이 도움이 될 거야."

"감사해요. 벌써 상처는 다 나은 것 같아요. 아, 그런데 물을 구하려면 어떻게 해야 하죠? 물도 양식도 다 떨어졌거든요."

유다는 가방 깊숙한 곳에 꽃을 고이 넣다가, 애처롭게 가방 안을 굴러다니는 빈 물통을 발견하고는 물었어.

"오아시스에서 물뿐만 아니라 양식까지 얻을 수 있지만, 꽤 먼 곳이라 그곳에 도착하기 전까지 물이 넉넉히 필요할 거야. 내 이 커다란 몸통에 저장해 둔 물을 조금 나눠 주도록 하지. 우리 선인장은 서로 뿌리가 다 연결되어 있어서 먼 거리의 물도 공유할 수 있는 물탱크 같단다. 자, 여기."

엠마오 어르신은 가시 하나를 수도꼭지처럼 열어서 유다의 물통에 물을 가득 담아 주었지. 하늘을 가득 채운 별만큼….

"감사해요."

엠마오 어르신은 마지막 당부를 곁들여 아쉬운 마지막 인사를 건넸어.

"유다야, 내가 직접 가본 적은 없지만, 검은 사막을 벗어나면 시간 너머의 공간, 태초의 마을들이 있다고 들었단다. 자, 지금부터가 진짜 모험의 시작이란 걸 명심하렴. 앞으로의 여정에 하얀 사자님의 푸르고 시원한 은총이 함께하길."

모험! 모험이라는 단어가 주는 설렘이 유다의 눈동자와 미소에 흘러넘치기 시작했지. 마지막 인사를 건네는 그의 입술이 검은 사막을 압도할 정도로….

"어르신을 만나게 돼서 기뻤어요. 제가 모험을 끝내고, 하얀 사자님을 만나고 돌아오는 길에, 그때 꼭 다시 봬요."

그렇게 유다는 다시 첫걸음을 내디뎠어, 어둠을 밟고서. 뒤에서 사라지는 발자국과 앞으로 찍힐 발자국을 잊은 채, 앞서지도 뒤처지지도 않은 자신의 위치에서, 아름답게!

양동진

제주에서 조경 일을 배우고 있으며, 조용한 겉과 달리
안은 참 시끄러워서 글로 정리하길 좋아하는 청년이다.
말이 상처라면 글은 흉터 같아서 글의 무게에 압도되어 버거워지만,
여전히 하나님께 사랑받는 글을 쓰고 싶은 소망이 한가득하다.

단편소설
가작

증발(蒸發)

윤덕남

1

늘 그렇듯이 김현은 아니 김아모스는 새벽 5시에 일어났다. 이제 환갑을 앞둔 얼굴을 고스란히 보여 주는 화장실 평면거울 앞에 그는 무표정한 얼굴로 섰다. 거울 속에 두드러지게 돋보이는 것은 바로 두 눈이었다. 늙어 가는 한 뼘의 얼굴에 단단하게 박힌 두 개의 보석은 몹시 어둡고 반짝거렸다. 늘 정해진 순서나 절차는 없었지만 김아모스는 먼저 얼굴을 씻었다. 한 번도 트집 잡지 않고 단 한 번도 의아하게 여기지 않았던 습관에 순응하듯이 씻었다.

그다음에는 물 묻은 두 손에 비누칠을 여러 번 하여 손바닥에 돋아난 비누 거품을 면도할 부분에 발랐다. 하룻밤 사이에 자라난 수염은 제법 꺼칠꺼칠했다. 면도날은 비누 거품 속에 숨어 있는 짧은 수염들을 사정없이 잘라 냈다. 흐르는 수돗물에 면도기를 들이대자 검은 재가 뿌려진 비누 거품은 빠르게 씻겨 내려갔다.

현(現)이라는 이름을 달아 준 아버지는 목사였고, 아버지가 사랑했던 자는 아모스였다. 아버지의 책상 앞에는 "오직 정의를 물같이, 공의를 마르지 않는 강같이 흐르게 할지어다."(암 5:24)라는 성구가 달라붙어 검은 불꽃처럼 타오르고 있었다. 아버지는 눈을 감으면서, 이제부터는 '현'이라고 부르지 말고 '아모스'라고 부르라고 말했다. 아버지가 돌아가신 그해 겨울 아모스는 중국으로 들어갔다. 그리고 12년간 중국에서 선교사로 지내다가 지난 3년 전 중국 공안으로부터 추방령을 받았다. 한국에 돌아오니 차이나선교협의회에서 아모스를 불렀다.

독신으로 살아온 김아모스는 밤마다 입안으로 두꺼비 한 마리가 들어와 잠자다 사라지는 묘한 생각에 사로잡히곤 했다. 선교사라는 특별한 소명을 위해 결혼을 포기한 것이라고 할 수도 있지만, 실은 가난한 목사의 아내로 살다 돌아가신 어머니를 바라보면서 결심한 것이기도 했다. 중국 선교지에는 두꺼비들이 많았다. 그중에서 한 마리가 김아모스를 따라온 것인지도 모르는 일이었다.

오피스텔 10층에서 바라본 서울은 아침을 기다리고 있었다. 이제 곧 사라질 새벽의 어두운 기운은 얼음 조각들이 담긴 유리잔에 맺힌 물방울처럼 오래 버티지 못할 세계였다. 또다시 습관적인 행동이 하나둘 반복되면서 김아모스는 오피스텔을 떠날 채비를 갖추었다. 손에 든 검은 가방은 늙은 아모스가 들고 다니기엔 제법 묵직해 보였다. 어쩌면 늙어 갈수록 가방에 들어갈 것들이 더욱더 많아지는 것 같았다. 늙은 손이 붙잡아야 하는 것은 공수래공수거라는 한 줌의 무게가 아닐까 하고 생각해 보지만 김아모스에게는 전혀 어울리지 않는 것 같았다.

엘리베이터가 하강할 때 나는 기계 소리는 중국에서 체류하는 동안 들었던 방적 기계 소리와 비슷했다. 아무리 굵은 빗소리가 들려도 방적 기계 소리는 조금도 작아지거나 사라지지 않았다. 방적 공장과 가까운 건물에서 살았기에 김아모스는 여공들이 공장 앞마당에서 작업복에 달라붙은 실낱들을 떼어내는 모습을 종종 볼 수 있었다.

지하 주차장에서 출발한 자동차는 오피스텔 정문을 향했다. 정문을 통과하는 순간 김아모스는 오피스텔 정원에 서 있는 목련을 보았다. 새하얀 꽃잎들은 잠든 나비들처럼 나뭇가지에 달라붙어 있었다. 정원에는 떨어져 흩어진 녹슨 날개들이 허다했다.

나비 효과에 관하여 알고 있는 자들은 많았지만 나비 시간에 관하여 알고 있는 자는 그리 많지 않았다. 김아모스가 중국에 있을 동안 시간에 관하여 나름대로 생각하고 생각한 끝에 도달한 것이 바로 나비 시간이었다. 선교사들 안에서는 중국이 C국으로 불렸는데 아직은 자유롭게 선교 활동을 펼칠 수 없는 국가로 통하기에 그렇게 불렸다.

　중국 요녕성(辽宁省) 환인(桓仁)에서 주로 비밀리에 선교 활동을 하였는데 선교사라는 호칭보다 학원 강사로 활동하였다. 방적 공장과 가까운 허름한 건물을 학원으로 사용하면서 한 달에 단 한 번뿐인 늦은 밤 10시부터 그다음 날 오전 6시까지 중국에 흩어져 있는 가정 교회의 신도들을 불러 모아 신학 강좌를 열었다. 깊고 깊은 오지(奧地)에서 찾아온 신도들은 대부분 성경 지식도 없이 신앙을 유지하며 설교를 들었다. 믿음의 깊이와 열정은 깊고 뜨거웠지만 원시 기독교와 다름없는 신앙을 가지고 있었다. 신학 강좌가 끝나면 깡마른 체구의 신도들은 더 가르쳐 달라고 애원했다. 눈물을 흘리며 다음 기회를 기약했고, 헤어지는 시간에 선교사들은 자신들이 가지고 있던 중국어 성경책과 중국어로 번역한 신학 서적들을 그들에게 선물했다. 김아모스는 학원 옥상에 올라 머나먼 오지를 향해 걸어가는 중국 신도들을 바라보곤 했다. 그리고 옥상에 피어 있는 꽃들 사이를 나풀거리며 날갯짓하는 나비, 청띠신선나비를 보았다.

　시간의 흐름은 한 마디로 나비가 나풀거리며 날갯짓하는 그 몸짓과 유사했다. 나비의 나풀거림이 곧 시간이라고 단정

지을 수는 없지만 빠르지 않고 느리지 않은 나비의 나풀거림은 바로 시간과 닮은꼴이었다. '똑딱'하는 1초의 시간과 나비가 날갯짓하는 단 한 번의 나풀거림이 너무도 똑같았다. 때로는 급상승하기 위해 이해할 수 없는 날갯짓을 펼치곤 하지만 그 가운데에서도 나비는 시간의 흐름과 동일한 날갯짓을 하였다. 꽃에 앉아 날개를 펼쳤다 접었다 하는 그 몸짓을 바라보고 있으면, 시간은 너무도 가까이 다가와 있었다. 마치 살아 있는 시간이라는 것이 날개를 펼쳤다 접었다 하는 것 같았다.

2

오전 6시 30분경 차이나선교협의회 센터에 도착한 김아모스는 3층 건물 맨 꼭대기에 있는 자신의 사무실로 올라갔다. 낡은 건물이면서 규모가 작은 편이라 엘리베이터는 원래부터 없었다. 늘 계단을 오를 때마다 숨이 가빠지는 것을 어찌할 수 없었다. 1층은 식당과 작은 예배실 그리고 6대 정도의 자동차를 주차할 수 있는 공간이 마련되어 있었다. 2층은 선교사들을 양성하고 중국 즉, C국 선교지로 보내질 선교사들을 교육하는 세미나실들과 작은 도서관 그리고 숙박시설이 있었다. 3층은 C국으로 들어간 선교사들과 긴밀한 연락을 통괄하는 동시에 선교사들의 선교 활동에 필요한 물품과 서적들 그리고 생활비 및 선교사들을 전반적으로 관리하는 사무실이 있었다.

3층 구석진 한쪽 공간에 마련된 김아모스의 사무실은 센터 장의 공간이라고 하기엔 수많은 책들이 꽂혀 있는 서재와 비슷했고 한편으로는 '기도실'이라고 하는 것이 맞는 대답이었다. 3층 사무실에는 대학을 갓 졸업하고 들어온 젊은 간사를 비롯하여 센터가 세워지는 순간부터 10년 동안 사무실을 지켜온 노처녀도 있었다. 중국 선교에 대하여 누구보다도 열정을 가지고 있는 자들의 신성한 일터였다.

김아모스는 자신의 책상에 앉는 순간 두 손을 모으고 기도했다. 자신보다 중국 각지에서 활동하고 있는 선교사들의 이름을 하나하나 부르면서 오늘 하루 동안 하나님의 보호와 선교사들의 안녕을 기도했다. 무엇보다 선교사들이 보내온 기도 제목들을 펼쳐 놓고 하나하나 기도에 매달렸다. 중국 공안이 가짜 신자를 이용해 선교사의 포교 활동을 적발하려고 혈안이 되어 있기에 각별한 주의가 요구된다는 내용도 있었다. 김아모스 자신도 포교 활동이 적발되어 추방령을 받았었다. 한 중국 소년이 김아모스가 선교사라는 사실을 중국 공안에게 알렸다. 중국 소년은 공안으로부터 우리 돈으로 10만 원을 받았다. 그 소년은 김아모스에게도 병든 아버지 때문에 병원비가 필요하다면서 10만 원을 빌렸었다. 기억은 축적되는 것도 있지만 때로는 퇴색되는 것도 있었다. 그리고 경험은 기억들 사이를 비집고 들어가 기억들이 사라지려는 것을 방지하는 역할을 했다. 경험과 뒤엉킨 기억은 종종 꿈이 되어 돌아오기도 했다.

기도를 끝마친 김아모스는 책상 위에 놓여 있는 한영 성경책을 펼쳤다. 하루도 빠짐없이 행하는 말씀 묵상의 시간이었다. 누가복음 24장 13절부터 35절까지의 말씀을 묵상하면서 김아모스는 31절의 말씀에 잠시 멈추었다. 두 제자들이 자신들과 대화하고 있는 자가 예수라는 사실을 알았을 때 예수는 순식간에 사라졌다는 부분에서 김아모스는 한글과 영어 문장을 번갈아 가며 깊은 생각에 잠겼다. 왜 예수는 자신이 부활했다는 사실을 제자들에게 말하지 않았을까? 그리고 왜 예수는 자신을 알아본 제자들의 눈앞에서 사라져 버렸을까?

김아모스는 묵상하는 가운데 중국에서 추방되었던 그날의 기억을 끄집어냈다. 여러 부분이 상당히 퇴색되어 버린 기억이었지만 그날의 감정은 조금도 변한 것이 없었다. 기내(機內)에 앉아 한없이 흐르던 눈물이 김아모스의 기억을 쓰다듬고 있었다. 추방령은 더 이상 중국에 들어갈 수 없는 것이 아니라, 3년이라는 기간 동안 중국 입국을 금지하는 것이었다. 선교사에게 있어서 가장 치명적인 난관에 봉착한 것이나 다름없었다. 예수는 두 제자가 자신을 알아보는 순간 순식간에 증발하였다. 김아모스는 중국을 알게 된 순간 순식간에 추방되었다. 그러나 다행스럽게도 김아모스는 중국 공안으로부터 추방령을 받았던 기한이 만료되어 있었다. 이제는 자유롭게 중국으로 들어갈 길이 열리게 된 것이었다.

오전 7시쯤이 되자 김아모스는 검은 가방에서 자신의 다이어리를 펼쳤다. 중국에서 두 번째로 맞이한 춘절 기간에 어머니가 돌아가셨지만, 김아모스는 그 사실을 모르고 있었다. 어머니는 자신의 죽음을 아들에게 알리지 말라고 신신당부하였다. 그래서인지 김아모스의 다이어리는 펼치는 순간 어머니의 증명사진이 꽂혀 있었다. 신혼부부 시절 직장에 들어가기 위해 찍은 흑백 사진이었다.

하루의 일정이 일목요연하게 기록된 일정표에는 오전 10시 S대학교에서 '중국 선교의 역사'라는 강의가 잡혀 있었고, 오후 2시에는 한국 세계선교협의회에서 각 선교단체에서 중국 선교를 맡고 있는 전문 선교사들과 중요한 모임이 있었다. 그리고 오후 5시에는 H교회에서 한 선교 저널의 편집위원으로 모임이 있었다. 그리고 오후 7시 30분에는 H교회에서 가까운 혜화동에서 부산의 대형 교회 목사와 저녁 식사가 예정되어 있었다. 부산에서 올라오는 목사는 교회 재정의 절반을 선교 사역에 사용하고 있었다. 일정표에는 일요일을 제외하고 거의 대부분이 빽빽한 일정으로 채워져 있었다.

김아모스는 다이어리에 꽂혀 있는 어머니의 증명사진을 잠깐 눈여겨보는 순간 오래된 과거의 문고리를 건드렸다. 삐걱

거리는 과거의 문을 열자 그곳에는 백열전구가 밝혀진 부엌이
드러났다. 젊은 아낙은 누구에게도 들키지 않으려고 팔팔 끓
어오르는 기름에 흰 솜을 담갔다. 그리고 노르스름하게 축축
해진 흰 솜을 젓가락으로 집어 잠시 식히는 듯하다 윗니와 아
랫니 사이에 집어넣고 꽉 다물었다. 젊은 아낙은 치통을 잠재
우기 위해 민간요법을 실행 중이었다. 어머니는 치아가 좋지
않았다. 그러나 제대로 치료받은 적은 없었다. 밤사이에 이빨
이 빠진 아이는 그 희고 작은 이빨을 손에 들고 이른 새벽 부엌
으로 들어가고 있었다.

아무리 뽑아내려고 하여도 뽑아지지 않는 투명한 가시가
바로 과거의 기억들이었다. 투명한 가시가 박혀 있는 곳은 시
간과 맞닿아 있는 의식의 한 부분이었다. 그 투명한 가시를 건
드릴 때마다 과거의 기억들은 더욱더 새록새록 자라났다. 어
머니는 아버지의 그림자에 불과했다. 그것은 시간이 지날수록
더욱더 분명해졌고 아버지의 그림자는 더욱더 어두워졌다. 증
명사진 속에 들어 있는 어머니는 너무도 아름다웠다. 마치 흰
목련꽃, 순백의 여자였다.

김아모스는 가방에서 노트북을 끄집어냈다. 전원을 연결하
고 모니터를 킨 후 화면 구석진 자리에 처박혀 있는 '아모스'라
는 문서 파일을 열었다.

내가 존경하고 사랑하는 선교사는 신비롭고 비밀스러운 중국 땅에 아낌없이 피와 눈물 그리고 땀으로 뒤엉킨 인생의 씨앗을 심은 사무엘 브랜드(Samuel Brand)이다. 그는 중국의 오지라고 할 수 있는 귀주성(貴州省) 위녕현(威寧縣) 석문감(石門坎) 일대에서 묘족(苗族)들에게 복음을 전파하였다.

그의 중국명은 하늘의 떡이라는 천지고(天之糕)였다. 1985년 당시 귀주성 서기로 임명된 후진타오(전 중국공산당 중앙위원회 총서기)가 귀주성에 부임한 이튿날 사무엘 브랜드와 석문감의 소문을 듣고 간부들을 데리고 석문감에 방문하고자 했지만 길이 험하여 위녕까지만 도착하였다가 돌아갔다는 이야기가 있다. 중국 내 가장 외지고 미개했던 서남묘족의 부흥은 중국의 지도자들에게 귀감이 되었다.

참으로 신비롭고 비밀스러운 일이지만 사무엘 브랜드는 하루아침에 실종되었다. 아니 '실종'이라고 하기보다 '증발'이라고 하는 것이 옳을지도 모른다. 마치 하나님과 동행하다 하늘로 올라간 에녹이나 불 마차를 타고 하늘로 올라간 엘리야처럼 그는 사라졌다. 그를 찾기 위해 그의 가족들과 선교사들, 그리고 그를 따랐던 묘족인들이 거의 수년간을 찾아 헤맸지만, 그가 남겨 놓은 유품들 즉, 금 간 안경, 너덜너덜해진 성경, 수십 권의 일기장, 낡은 의료서적들, 기독교로 개종한 묘족인들에 대한 상세한 기록이 담긴 문서들, 그리고 약품들이 들어 있는 나무로

짠 함, 애지중지하면서 읽었던 서적들, 그리고 그가 찍었던 수십 장의 흑백 사진들이 전부였다.

이 글은 1887년 1월 23세에 중국 내지 선교회 선교사들과 중국 땅에 들어와 1905년 가을 그가 실종되기까지 그가 남긴 유품들을 토대로 한 자 한 자 기록한 글이다. 나는 이 글에서 사무엘 브랜드를 존경하고 사랑하게 된 구체적인 이유들을 나열하는 동시에 그가 선교사로서 살아오는 동안 한 인간으로서 느껴온 내면의 일기를 공개하고자 한다. 그리고…

3

늙은 손가락들이 미세한 소리를 내며 키보드를 누르고 있는 동안 김아모스는 사무엘 브랜드가 사역하던 석문감(石門坎)을 헤매고 있었다. 녹음이 우거진 산들은 보이지 않고 커다란 사발을 뒤집어놓은 듯한 거대한 바위산들, 그리고 그들 사이에 흐르는 희뿌연 안개, 그것은 마치 거대한 얼굴을 더듬는 영혼의 손길과 같았다. '왜 이러한 곳까지 들어와 사는가?' 하고 묻는다는 것은 아무런 의미가 없었다. 위대한 자연과 하나가 된 세계 속에서 물을 수 있는 것은 아무것도 없었다. 생존이라는 것도 한낱 우스꽝스러운 것으로 만들어 놓았다. 짙은 황갈색 피부의 오지인들은 생존을 위하여 사는 것이 아니라 위대한 자연의 일부로 살고 있었다. 그들에게 하나님을 인식시키는 것은 이방인 선교사의 몫이었다.

천지고, 사무엘 브랜드가 기록한 일기장 중에서 가장 오래된 것을 보면, 즉 1887년 1월 3일 영국에서 출발한 선상에서 그는 아주 이상한 구름을 보았다. 한순간도 멈추지 않고 여러 가지 모양으로 변하는 구름은 마치 바람의 손에 마술을 펼치는 것 같았다. 그 급변하게 변모하는 구름을 바라보면서 그는 깨달은 것이 있었다. 그것은 선상에 서 있는 자신의 마음속에도 동일한 마술이 펼쳐지고 있다는 사실이었다.

그날 밤, 그는 잠들기 전 하나님께 기도했다. 하나님의 손에 붙들린 삶을 살게 해달라고 그는 간절히 기도했다. 그가 쓴 일기를 보면 이렇다.

"나는 이제 목사의 아들도 아니며, 은행원도 아니며, 그리고 넋 없이 방황하거나 순간순간 변모하는 구름도 아닙니다. 나는 하나님의 손에 붙들린 자입니다. 아무것도 모르는 중국 땅에 들어가는 순간부터 나는 하나님의 손에 붙들려 살 것입니다. 나를 꼭 붙잡아 주소서."

누군가 사무실로 들어오는 인기척이 들렸다. 어느새 시간은 오전 8시 30분을 향해 달려가고 있었다. 김아모스는 잠시 작업을 멈추고 지금까지 써놓은 문장들을 다시금 바라보았다.

잠시 후 김아모스의 사무실 문을 두드리는 소리가 들렸다. 김아모스는 "예"라고 짧게 말했다. 늘 변함없이 일찍 출근하는 이 간사가 들어왔다. 노처녀라는 꼬리표가 달라붙은 이 간사였지만 그의 일 처리는 누구보다도 분명하고 확실했다. 이 간사의 한 손에는 물건이 쥐어져 있었다.

"어제 늦게 도착했습니다. 중국 요녕성에서 보내온 것입니다."

국제 우편물이라는 것을 증명이라도 하듯이 보내는 주소와 받는 주소란에는 전부 한자로 써 있었다. 유구만, 아니 유요한 선교사가 보낸 우편물은 A4 용지 만한 크기로 제법 묵직했다. 우편물을 개봉하자 밀봉된 편지 한 통과 두꺼운 노트 한 권이 드러났다.

보내는 주소란에는 'OO學院(학원)'이라는 한자와 '柳求滿(유구만)'이라는 한자 이름이 써져 있었다. 받는 주소란에는 '차이나선교협의회'라는 명칭은 생략된 채 영문 주소와 'Kim Hyun'이라는 영문만 쓰여 있었다. 사실 선교지에서 서울로 우편물을 보낸 적은 없었다. 가급적 이메일을 통하여 연락을 취하는 동시에 급한 상황에는 전화를 사용하였지 직접 선교지에서 서울로 우편물을 보내는 것은 금기시해 왔었다. 편지를 개봉하자 김아모스와 동갑인 유요한 선교사의 필체가 적나라하게 드러났다. 검정 볼펜으로 꼭꼭 눌러쓴 편지지는 김아모스가 받아 본 어느 편지지보다도 무거웠다.

　　이 편지를 받아보는 순간 나는 중국이 아닌 북녘땅 고향에
있겠군. 자네에게 미안하네. 자네를 대신하여 이곳까지 들어왔
는데 일을 제대로 마치지 못하고 이렇게 힘든 일만 남겨 놓았으
니. 신학교 시절부터 난 자네에게 늘 도움이 되지 못했어. 그러
나 이렇게 편지와 일기장이라도 보내야 내가 왜 북녘땅으로 들
어가게 되었는지를 알릴 수 있을 것 같았네.
　　정말 미안하네. 자네보다 한 달 일찍 태어났지만 늘 철없는
짓만 벌려 놓는 신세군. 신학교를 졸업하고도 세상에 빠져서 방
황하던 나에게 자네는 새로운 사명을 주었어. 선교사, 난 선교
사가 될 자격이 없는 놈이야. 자네를 속이고 하나님을 속인 자
가 바로 나일세. 친구를 속이고 하나님을 속인 자는 성경 어디
에도 찾아볼 수 없다네….

김아모스는 편지를 다 읽지 못한 채 자리에서 일어났다. 중
국 요녕성 환인으로 전화를 걸었지만 전화는 연결되지 않았
다. 유구만은 아니 유요한은 김아모스의 신학교 동창이었다.
그리고 무엇보다도 오랜 친구였다. 김아모스는 그동안 서랍
속에 잠재워 두었던 여권을 끄집어냈다. 여권을 펼치자마자
중국 공항 입국 심사국에서 찍은 새파란 스탬프들이 마치 낙

인처럼 김아모스의 가슴을 지져 대기 시작했다.

4

유구만이 실종, 아니 증발한 날짜는 압록강이 서서히 해빙(解氷)하는 시기였다. 유구만의 고향은 북녘땅 자강도 강계시로 중국 요녕성 환인에서 버스로 서너 시간이면 충분한 거리였다. 자정에 가까운 시각에 비행기에 오른 김아모스는 유구만이 보낸 두꺼운 노트를 펼쳤다.

중국은 분절된 화살과 같았지만 자본주의의 봉합으로 제법 놀라운 화살이 되었다. 화살촉은 금빛에 뒤덮여 있고, 화살 몸통은 공산주의와 자본주의를 뒤섞어 놓은 채 제법 곧고 단단하고, 화살의 방향을 좌우하는 날개라고 할 수 있는 꼬리 부분은 중국의 부푼 꿈처럼 그 어떠한 바람에도 조금도 굽히지 않을 만큼 부드러우면서도 완고하다. 과연 이러한 화살이 어디까지 날아가고 또한 어디에 꽂힐지 사뭇 궁금하다.

검은 고양이가 옥상에서 발견된 것은 이른 아침이었다. 오래간만에 올라와 본 옥상인지라 눈에 보이는 것은 낯선 풍경들이었다. 태어난 지 한 달 정도가 되었을까? 주먹 만해 보였지만 야무지고 앙칼스러웠다. 화분들 사이에 숨어 들어가 나를 바라보는 모양이 꼭 자그마한 전사 같았다. 어디에서 태어나고 어떻게 여기까지 오게 되었는지 알 수 없었지만, 어린 고양이에게 먹을 거라도 주어야겠다고 생각하여 아래층으로 내려갔다.

다섯 명의 선교사들이 아침 식사를 마친 식탁은 이미 깨끗하게 치워져 있었다. 한쪽 벽에 서 있는 냉장고를 열자 250ml짜리 우유 한 개가 있었다. 아침마다 마시는 우유인지라 누군가 마시지 않은 것 같았다. 나는 이미 아침 식사를 마치자마자 우유로 입을 축였다. 숯덩이 같은 고양이가 우유를 스펀지처럼 빨아들일 수 있다면 순식간에 흰 고양이로 바뀔 것 같았다.

"선교사님, 그거 제 건데요."

23살의 젊은 김 선교사가 양치질을 하면서 묘한 발음으로 말했다. 내가 우유를 냉장고 안에 집어넣으려고 하자 김 선교사는 입안에 든 흰 거품을 싱크대에 뱉으며 말했다.

"선교사님 드세요. 내일 아침 선교사님 우유는 제 것입니다."

"미안하네. 아주 가엾은 녀석이 있어서 좀 실례하겠네."

그렇게 하여 우유를 들고 옥상에 오른 나는 화분들 사이에 숨어 있는 검은 고양이에게 우유를 통째로 주었다. 개봉된 우유에 머리를 집어넣고 핥는 모양이 며칠을 굶은 것 같았다. 그 칠흑 같은 숯덩이를 조금이라도 쓰다듬어 주려고 가만히 손을 대자 어린 고양이는 우유 팩에 머리를 집어넣은 채 날카롭게 반응했다.

20평 정도의 옥상은 대부분 화분으로 가득 차 있었다. 김아모스가 이곳에 머물면서 장만한 화분들이라는 사실을 알았을 때 나는 화초들 하나하나에 정이 갔다. 이름을 알 수 있는 화초도 있는가 하면 이름을 전혀 알 수 없는 화초들도 있었다. 어디선가 들려오는 규칙적인 기계 소리가 제법 가까이 다가왔다. 곳곳에 세워진 빌딩들도 보였지만 옥상에서 가깝게 보이는 곳에는 과거의 흔적들이 드문드문 뒤섞여 있었다. 시간이 필요할 것 같은 부분들이 너무도 빠르게 변하는 것 같다는 생각도 들었다.

문득 신학교를 졸업했지만 교회 전도사로 나아가지 못하고 방황하던 시절이 떠올랐다. 방황이라고 하기보다 내 가슴이 정해진 길로 들어서는 것을 승낙하지 못했다. 잘못 들어선 길도 아닌데 내 발걸음은 어느새 바닷가를 걷고 있었다.

"난 갈 수 없어요."

겨울 바닷가에 매섭게 불고 있는 찬바람과 씨름이라도 하듯이 나는 악을 쓰며 소리쳤다. 어깨까지 닿았던 머리카락은 미친 듯 춤을 추었다. 해변 모래사장에 찍힌 발자국들은 단조로운 것보다 복잡하고 어지러웠다.

검은 고양이가 들어가 쉴 수 있는 장소가 마련되었다. 라면 종이상자 한쪽 벽에 조금 큰 구멍을 내고 상자 안에 신문지를 깔고 그 위에 버리려고 하였던 옷을 깔아놓았다. 녀석의 화장실로 사용될 흙이 든 플라스틱 통도 상자 옆에 놓아두었다. 녀석

의 이름은 너무도 쉽게 정해졌다. '나비'

지금껏 살아오면서 고양이를 부르는 이름은 언제나 어디서나 나비였다. 참으로 중독성이 강한 이름이었다. 거꾸로 하면 '비나' 그리고 '비나이다, 비나이다'라는 어디서 들은 듯한 목소리가 다가왔다. 나와 늘 가까이 있었던 누군가가 고양이를 부를 때마다 말했다.

"나비야."

비와 바람에도 끄떡없이 버틸 수 있도록 상자 위에 비닐을 덮고 날아가지 말라고 화분으로 양끝을 눌러 놓았다. 열린 우유팩을 상자 바로 앞에 놓아두었다. 검은 고양이의 입가가 희게 변했다.

여관으로 지어진 3층 건물을 학원으로 개조하여 사용하자는 제안을 내놓은 자는 김아모스였다. 1층은 두 반으로 나누어 영어를 가르치는 교실들이 있었고, 2층은 선교사들의 생활 공간으로 사용되었고, 3층은 제법 큰 식당과 부엌 그리고 작은 창고가 있었다. 3층은 거의 휴게실 및 친교실로 활용되는 동시에 성경을 읽거나 독서를 하는 독서실로 활용되기도 하였다. 3층에는 대형 냉장고가 있었는데 냉장고 안에는 음식을 비롯하여 여러 가지 간식거리들이 들어 있어 냉장고는 쉴 틈 없이 열렸다 닫혔다.

배가 통통해진 검은 고양이가 상자 안으로 들어가자 나는 3

층으로 내려왔다. 3층에는 한국에서 의사를 하다 소명을 받아 선교사가 된 이현수가 식탁에 앉아 독서를 하고 있었다. 이 선교사는 40세를 넘었고 한국에는 아내와 아들이 있었다. 중국에 와서 머리 염색을 한 번도 하지 않은 탓에 머리가 희끗희끗했다. 이 선교사가 읽고 있는 책은 서울에서 아내가 보낸《고통이라는 선물》이라는 신앙 서적이었다. 나는 식탁 위에 놓여 있는 신문을 펼쳤다. 신문도 서울에서 일주일에 한 번씩 보내온 것이었다.

"의사가 신생아를 매매하다 공안에 잡혔다는 기사가 나왔어요."

이 선교사는 중국어를 잘하는 편이라 중국에서 발행되는 조간신문을 구독하고 있었다.

"저는 중국을 생각하면 이런 생각이 들어요. 한쪽 날개가 없이 태어난 새라고 할까?"

이 선교사는 펼쳐 놓은 책을 덮으며 말했다.

"그런 새는 어떻게 해야 할까요? 죽기를 기다리는 것이 나을까요? 아니면 한쪽 날개를 달아주어야 할까요? 중국인들은 한쪽 날개를 달아 주어도 돈을 벌기 위해 열심히 날갯짓할 거예요."

나는 신문에 새겨진 검은 글자들을 한 자 한 자 읽는 것을 잠시 멈추었다.

"이러한 사람들을 위해 절망하고 고통스러워하는 것이 가치가 있을까요? 한쪽 날개가 없는 새를 위해 우리가 할 수 있는 일은 고작 두 손으로 품어 주는 것뿐, 다른 것은 아무것도 없는 것 같아요. 과연 이런 것이 가치가 있을까요?"

나는 신문 광고를 바라보았다. 한 작은 표범이 값진 시계와 눈부신 보석 사이에서 가슴을 바닥에 붙인 채 자세를 취하고 있었다. 어린 표범의 두 눈은 몹시 반짝거리고 있었다.

"김아모스 선교사가 나를 이곳에 보낸 이유가 무엇일까 생각하고 생각해 보았습니다. 저는 선교사지만 중국어도 잘 모르고 중국에 대해서 아는 것도 없습니다. 내가 내세울 수 있는 것은 늙었다는 것, 남들보다 오래 살았다는 것입니다. 김아모스 선교사가 있었다면 좋았을 텐데, 하고 여러 번 생각했습니다. 제가 말할 수 있는 것은 절망과 고통보다도 더 절망적이고 고통스러울지라도 그것은 가치가 있다는 것입니다. 한 번 생각해 보세요. 과연 죽음에도 가치가 있을까요?"

값진 시계와 화려한 보석보다도 어린 표범이 더 아름답고 눈부셨다.

밤 11시경, 김 선교사가 데리고 온 한 중국인은 불청객이라고 할 수 없었다. 그는 3박 4일 동안 긴 여행을 통하여 막 도착한 자였고, 그가 이곳에 온 이유는 돈이나 먹을 것을 얻고자 하는 것도 아니었다. 그가 그토록 먼 길을 마지않고 찾아온 것은 하나님에 대한 갈증과 배고픔이었다.

짙은 갈색의 얼굴에 박힌 두 눈은 몹시 냉정하고 날카로웠다. 그는 시골 농부에 불과했지만 5명의 신자에게 매주 하나님의 말씀을 전하는 가정 교회 목사였다. 나의 손을 꼭 잡으며 악수하는 그는 조금도 지친 표정이 없었다. 우리는 그에게 늦은 저녁 식사를 제공하려고 했지만 그는 어깨에 멘 배낭에서 무엇인가를 끄집어냈다. 비닐봉투에 들어 있는 굳어진 몇 덩어리의 떡이었다.

그는 그것으로 끼니를 채우면 된다고 고집을 부렸다. 그것은 마치 완고하게 굳어진 신념이며 신앙 같았다. 하나님에 관하여 공부하러 왔는데 아무것도 들고 오지 않았다는 것이 마음에 걸린 듯 보였다. 그리고 냉장고를 열어 내일 아침에 마셔야 할 우유 하나를 끄집어냈다. 나는 우유를 개봉하여 그가 앉아 있는 식탁 위에 놓았다. 그는 굳어진 떡을 씹으며 우유를 마셨다. 어느새 그의 입가는 희게 변했다. 그는 옥상에 있는 검은 고양이 같았다.

5

김아모스가 유구만의 일기장을 읽으며 중국 대련공항에 도착한 시각은 밤 10시 20분경이었다. 대련공항을 뒤덮은 어둠은 김아모스에게 그리 낯설지 않았다. 3년이라는 긴 시간이 흘러갔지만 두 눈에 보이는 어둠은 김아모스의 기억 속에 잠재되어 있었다. 입국 심사를 무사히 마치고 공항 앞에서 택시를 잡아탔을 때 김아모스는 누군가 자신을 미행하고 있다는 것을 감지했다. 택시를 줄기차게 따라 달라붙은 자동차는 김아모스가 하룻밤을 묵을 호텔 앞에서 멈추었다.

김아모스는 환인에 있는 김 선교사와 전화 통화를 나눈 뒤에야 샤워를 하고 잠잘 준비를 했다. 김아모스는 가방에 든 노트북을 끄집어내서 인터넷과 연결시킨 후 이메일을 확인했다. 서울에서 보낸 이메일 중에는 저녁 7시 30분에 약속되었던 부산 모 교회의 목사님께 사정을 말씀드렸다는 내용도 있었다. 김아모스는 유구만의 일기장을 펼쳤다.

그의 이름은 오성순(吳性純)이었다. 그는 잠들기 전 무릎을 꿇고 고개를 숙인 채 거의 10분 정도를 기도에 몰입했다. 그의 행동은 참으로 경건했고 한편으로는 경외감을 느끼게 했다. 모처럼 이 선교사와 한 방을 사용하게 되었다. 이 선교사는 바닥에 이불을 깔고 누웠다. 나는 침대에 누워 창가에서 들리는 옅은 기계 소리를 들었다. 방적 공장은 가끔씩 밤을 새면서 기계를 돌리곤 했다.

"오늘 밤도 여지없이 기계는 돌아가는군요."

캄캄한 방안에 유일하게 여과된 빛이 달라붙은 곳은 창문이었다. 창문에는 커튼이 드리워져 있었지만 방적 공장 마당에 서 있는 가로등에서 시작된 빛이 커튼에 물들어 있었다. 이 선교사는 다시금 말문을 열었다.

"제가 어렸을 때 제 누님도 공장에 다녔습니다. 먹고 살려면 무슨 일이라도 해야 했습니다. 늦은 밤 공장에서 돌아온 누님이 지친 표정으로 저의 머리를 쓰다듬던 기억이 납니다. 참 오래된 기억이지만 이렇게 가까운 곳에서 그 기억들이 생생하게 재생되고 있다니 신기할 뿐입니다."

이 선교사는 어두컴컴한 천장을 바라보고 있었는데 그 컴컴한 천장이 과거를 바라볼 수 있는 통로처럼 보였다.

"이 선교사는 훌륭한 의사였을 것 같아요. 지금도 그때가 생각나지 않나요?"

나는 캄캄한 천장을 바라보면서 말했다. 과거는 어둠을 통과해야 들어갈 수 있는 세계 같았다.

"처음은 좋았어요. 그러나 돈이 커지면서 의사라고 하기보다 돈에 끌려다니는 신세가 되었지요. 참으로 어처구니없는 현실이었습니다. 그러다 김아모스 선교사님을 만났고 지금 여기에 있게 되었습니다."

창가에 머물고 있는 옅은 빛과 기계 소리는 묘한 조화를 이루었다. 마치 여름에 내리는 눈처럼 그렇게 보이고 들렸다.

"전공 분야는 무엇이었습니까?"

캄캄한 천장에서 떨어진 눈송이가 내 눈동자에 닿자마자 녹아 사라졌다.

"예, 소아과 전공이었습니다."

수많은 눈송이가 꽃잎처럼 하염없이 추락하였다.

이른 아침 옥상에 올라가 보니 오성순이 검은 고양이를 품에 안은 채 검은 등을 쓰다듬고 있었다. 나는 우유를 들고 있었다. 어린 생명은 어미의 품이라도 안긴 것처럼 눈을 감은 채 잠들어 있었다. 오성순은 나를 보고는 고개를 숙였다. 나도 어설프게 고개를 숙였다. 참으로 어색한 인사가 오갔다. 짙은 갈색 피부에 깡마른 체구와 조금 흰 피부에 통통한 체구 사이에 오가는 말은 하나도 없었다. 나는 오성순에게 우유를 내밀었다. 오성순은 한 손으로 우유를 받아 쥐고는 "씨에 씨에"를 연달아 토해 놓았다.

오성순과 유일하게 완벽한 대화를 나눌 수 있는 자는 이현수와 박길현 선교사였다. 이 둘은 서울에서 중국 선교 훈련을 마친 자들이 환인에 도착하면 지금까지 배워왔던 훈련보다 더 생생한 현장 중심의 훈련을 실시했다. 이현수와 박길현은 의사 출신들로 누구보다도 헌신적이었다. 그리고 23세의 젊은 선교사인 김수영과 동갑인 윤준석은 행정 및 사무를 담당하고 있었다.

윤준석은 컴퓨터와 기계설비 및 보일러를 아주 놀라울 정도로 잘 알고 있었다. 이들에 비하여 나는 사실적으로 하는 일은 없었다. 이들은 나를 정신적인 지주로 생각하고 있을지는 모르지만 나는 그리 영적이거나 정신적으로 탁월한 존재는 아니었다.

1층 학원 운영은 이현수와 박길현이 무료로 중국 아이들에게 영어를 가르치고 있었다. 학원에 모이는 아이들의 숫자는 들쑥날쑥했다. 간식이 준비된 자리이기에 아이들 가운데는 간식만 챙기고 공부는 아랑곳하지 않은 채 슬그머니 빠져나가는 아이들도 있었다.

6

대련에서 단둥까지 약 4시간이 걸렸다. 단둥에서 점심을 먹었다. 다시 버스에 오른 김아모스는 오후 5시가 되어 목적지인 환인에 도착했다. 환인은 오래된 역사의 성터를 비롯하여 분묘와 왕릉 속에서 거든히 작은 도시를 형성하고 있었다. 버스 터미널에는 한국에서 과거의 흔적들을 찾으러 온 관광객들이 눈에 띄었다. 3월 말의 환인은 곳곳에 푸르른 가로수들과 드문드문 핀 꽃들이 시간의 경계 사이를 더듬고 있었다. 압록강은 속 시원하게 드러나지는 않았지만 그리 먼 곳에 있는 것은 아니었다.

김아모스는 택시를 잡아탔다. 3년이라는 시간이 흘러갔지만 변한 것은 사람들일 뿐 낯선 풍경들은 아니었다. 김아모스는 차창 밖 풍경을 바라보다 때때로 과거의 기억들과 마주쳤다. 한 사내아이가 어딘가를 향해 뛰어가는 모습도 보였다. 기억들은 너무도 빠르게 스쳐 지나갔다. 약 10분 정도를 달린 택시는 낡은 건물들과 새로 지은 건물들이 뒤엉켜 있는 목적지에 도착했다. 방적 공장 입구에서 젊은 여공들이 빠져나오는 모습도 보였다. 봄옷이라고 하기보다는 가을옷을 입은 모습이었다. 여공들은 집으로 향하는 것이 아니라 가까운 식당을 찾아가고 있었다.

김아모스가 학원 건물로 들어가자 사방에 희미하게 잠재되어 있던 어둠의 색깔이 점점 짙어졌다. 계단을 밟으며 2층으로 올라가는 동안 소리 내며 영어를 공부하고 있는 가난한 아이들의 목소리가 김아모스의 발걸음을 잡아챘다. 2층은 고요했다. 각각의 방문은 굳게 닫혀 있었다. 3층으로 올라가는 계단을 밟는 순간 김수영 선교사가 김아모스를 보았다.

3층 식당에 앉아 김수영과 윤준석은 김아모스에게 유구만의 실종을 설명했다. 유구만이 실종된 것은 3일 전이었다. 한 달 전부터 유구만에게 이상한 외출이 빈번해졌다. 주중국한국대사관에 실종 사실을 알려야 한다는 말도 나왔지만 조금만 더 기다려보는 쪽으로 의견 일치를 보았다. 김아모스는 심 각한 표정을 지은 김수영과 윤준석에게 기도하자는 말과 함께 두 눈을 감았다. 기도가 끝나자마자 제법 큰 검은 고양이가 식 당 탁자 밑에서 어슬렁어슬렁 걸어 나왔다. 검은 고양이는 유 구만이 키우던 고양이라고 김수영은 말했다. 고양이 목에는 이름표가 걸려 있었는데 蝶(접, 나비)이라는 한자어가 새겨져 있었다.

나비에게 이름표를 달아 주자 이상하게도 고향 생각이 저절 로 다가왔다. 환인과 고향 사이에는 압록강이 빠른 유속(流速) 으로 흘러가고 있었다. 그리고 고향은 다다를 수 없는 곳이었 다. 환인에 들어온 지 2년 반이 지나가고 있었지만 압록강 근 처에도 가보지 않았다. 나비가 된다면 가볼 수 있을지도 모르 는 일이었다. 아버지는 북한군이 되어 전장에서 전사하였다. 그리고 나와 똑같은 날에 태어난 일란성 쌍둥이인 동생을 두고 나는 월남하였다. 그때 내 나이는 8살이었다. 작은아버지와 함 께 남쪽으로 내려왔다. 작은아버지는 친분이 있던 한 목사님에 게 나를 맡기고 다시 북으로 올라갔다. 어머니와 동생을 데려 올 것이라고 말하면서 북으로 올라갔다. 동생의 이름은 유구형 이었다.

나비에게 익은 생선의 부스러기를 주면서 그 검은 빛깔의 목을 쓰다듬어 주었다. 나비는 아침마다 자신에게 음식을 주는 인간에게 서서히 길들여져 갔다. 압록강이 보고 싶다는 강한 충동이 일어난 것은 바로 나비의 목을 어루만지면서 일어났다. 그 따스한 검은 털을 어루만지고 쓰다듬으면서 손끝에 따뜻한 기운이 느껴졌고 온몸에 향수(鄕愁)가 퍼졌다. 참으로 이상한 감정이었고 강한 충동이었다.

잠깐 나갔다 오겠다는 말을 남기고 밖으로 나왔지만 막상 무엇부터 해야 할지 알 수 없었다. 환인에 대하여 아는 것이란 오래된 무덤들을 보기 위해 찾아오는 관광지라는 것과 압록강을 건너면 고향에 다다를 수 있다는 것이었다. 택시를 잡아타고 압록강 쪽으로 달려가는 동안 내 머릿속에서 어지럽게 뒤섞인 것은 바로 과거의 고향과 현재의 나였다. 그것은 너무도 뒤엉켜 있어 어디에서부터 풀어헤쳐야 할지 막연하였다.

유구만의 일기장은 날짜가 없었다. 단순한 기록일지 모르지만 곳곳에 유구만의 두 눈으로 바라본 사실들이 고스란히 적혀 있었다. 어느 곳에는 유구만의 심장이 박혀 있는 곳도 있었다. 유구만은 잠시 목회의 길을 떠났던 시절에는 문학에 심취했었다. 김아모스는 유구만에게 중국 선교를 소개했을 때 나누었던 대화가 떠올랐다.

"이 세상에서 마지막 선교지는 어디일까?"

유구만은 김아모스를 바라보며 말했다. 김아모스는 몹시 반짝거리는 유구만의 두 눈동자를 바라보았다.

"난 북한이 마지막 선교지가 아닐까 하고 생각해 보았어. 선교사의 사명은 새로운 선교지가 발견된다면 곧바로 그곳으로 떠나야 하는 존재가 아닐까?"

유구만은 조금도 망설임 없이 말했다.

"북한도 우리의 선교지임은 분명하지만 지금 북한으로 들어가는 것은 선교가 아니라 순교가 맞을 거야."

김아모스는 유구만의 두 눈동자를 바라보면서 말했다. 김아모스는 그날의 기억을 더듬으며 3층 창문으로 밤거리를 바라보았다. 어둠의 실체들이 거리 곳곳에 차곡차곡 쌓여져 있었다. 그리고 그 가운데에서 학원 건물을 바라보며 서성거리는 한 사람이 가로등 불빛에 드러났다. 핸드폰으로 누군가와 통화하다 가까운 곳에 세워둔 자동차로 들어갔다. 김아모스는 식탁에 앉아 기도했다. 3년 전 과거의 기억들이 생생하게 떠오르면서 김아모스의 기도를 불투명하게 물들였다. 김아모스는 마지막 기도로 유구만을 위해 기도했다.

압록강 앞에서 처음으로 떠오른 것은 아버지였다. 떠내려가는 검정 고무신을 잡으려고 강물로 뛰어든 아버지는 물고기처럼 날렵했다. 그런 아버지를 바라보며 나는 울고 있었다. 압록강은 빠르게 흐르고 있었다. 어느새 어머니도 빠르게 흘러가고 있었다. 동생이 손을 흔들며 소리치던 모습도 너무도 빠르게 흘러갔다. 시간과 강물은 너무도 닮아 있었다.

학원으로 돌아오는 길에 나는 한 작고 허름한 술집에 들어가 맥주 한 잔을 마셨다. 오래간만에 마신 맥주라 입안에서 압록강 물을 마신 것처럼 시원하면서도 진한 향수(鄉愁)가 녹아 있었다. 자리에서 일어서려는 순간 나는 나를 보았다. 과거와 현재가 뒤엉켜 있는 나를 보았다. 나는 술에 취한 것처럼 나를 향해 걸어갔다.

유구만의 일기장은 유구만 자신을 향해 걸어가고 있었다. 자신을 닮은 존재와 마주치는 순간 유구만은 지독한 과거에 취했다. 자신의 얼굴을 볼 수 있는 거울 앞에서는 결코 찾을 수 없는 놀라운 사실이 유구만의 눈앞에 펼쳐졌다.

나는 피를 토하고 있었다. 입을 한 손으로 막아 보았지만 손가락 사이로 붉은 피가 새어 나왔다. 헝클어진 머리카락, 초췌한 모습, 낡아빠진 옷차림, 초점을 잃은 눈동자…. 나는 피 묻은 손을 윗옷에 쓱 닦았다. 그리고 담배 한 개비를 입에 물고는 나에게 물었다.

"누구쇼?"

나는 담배 연기 속에서 나를 바라보았다.

"나를 닮았네."

내가 비시시 웃으며 말했다.

　유구만이 실종, 아니 증발된 지 일주일이 지났을 때 한 소년이 학원에 들어왔다. 한마디로 거지 행색이라고 할 수밖에 없는 소년이었다. 학원에 가면 먹을 것을 준다는 말을 듣고 찾아온 것이었다. 소년이 움직일 때마다 지독한 냄새가 풍겼고, 나비는 소년의 발목에 난 상처를 핥았다. 소년은 고양이가 자신의 상처를 핥아주는 것을 그대로 내버려 두었다. 누구도 어루만져 주거나 약을 발라 주지 않은 소년의 상처를 고양이는 핥고 핥았다. 김아모스는 소년에게 먹을 것과 상처에 약을 발라주었다.

　소년은 음식을 먹고 따뜻한 물에 목욕을 한 후 침대에 누워 잠들었다. 소년이 깨어나면 입을 옷도 소년의 머리맡에 놓아두었다. 소년은 몹시 깊은 잠에 빠졌다. 김아모스가 소년이 벗어 놓은 냄새 나는 옷가지들을 버리기 위해 집어 드는 순간 옷가지들 속에서 무엇인가가 바닥에 떨어졌다. 그것은 몹시 낡은 듯한 작은 지갑이었다. 지갑 안에는 북한에서 사용하는 인민증과 한 늙은 여자의 증명사진, 그리고 한 장의 사진이 들어 있었다. 사진에는 유구만과 김아모스가 밝게 웃고 있었다. 인민증의 주인은 유구형이었다. 유구형은 유구만이 태어난 날짜와 동일했다.

윤덕남

침례신학대학교 신학과와 명지대학교 문예창작학과를 졸업하였다.
2019년 경상일보 신춘문예 단편소설 「영혼의 음각」이 당선되었다.
현재 100주년기념교회 322구역 구역장으로 봉사하고 있으며
노모와 함께 살면서 소설을 쓰고 있다.

단편소설
가작

참 아름다워라

곽진영

중학교 국어 교사인 외동딸은 결혼한 다음 해에 사내아이를 낳았습니다. 첫 손자를 본 기쁨이 채 가시기도 전, 복직을 앞둔 딸은 도움을 요청해 왔습니다. 남의 손에 어린애 맡기기가 영 마땅치 않다며 아이를 돌봐 주면 감사하겠다는 얘기였지요.

아내는 딸아이를 결혼시킨 뒤 한동안 소화도 잘 안 되고 자꾸 눕고만 싶다며 전에 없던 한숨을 깊게 내쉬곤 했습니다. 하나밖에 없는 자식 애지중지 키워 낸 아내였지요. 상실감과 허전한 마음을 이해하면서도 무뚝뚝한 성격 탓에 위로 한마디 제대로 해주지 못했습니다. 그러던 어느 날이었습니다. 성지 순례를 다녀와도 되겠냐고 조심스레 묻더군요. 아내는 딸아이와 나를 두고는 단 하루도 집을 비워 본 적이 없었습니다. 버킷리스트 중 하나인 걸 잘 알고 있었기에 기분 전환도 될 것 같아 흔쾌히 허락했습니다. 아내는 함께 가길 원하면서도 단칼에 거절하는 내게 더 이상 강요하지 않았습니다. 무신론자가 성지 순례를 갈 수는 없는 노릇이니까요. 대신 용돈은 두둑이 챙겨 주었습니다. 이집트 카이로에서 들어가 시내산, 홍해를 지나 이스라엘 사해 갈릴리 예루살렘을 거쳐 요르단 암만까지, 12일 만에 돌아온 아내의 볼은 핑크빛으로 물들어 있었습니다. 정성스레 담아 온 사진들을 보여 주며, 보고 듣고 느낀 감동을 고스란히 전해 주고 싶어 했습니다. 하나님과 본인에게 더 충실한 삶을 살겠다고 말하는 아내는 기쁨으로 가득 찬 모습이었지요.

"옆 동 사는 김 권사님 알지요? 부부가 같이 갔잖아요. 다음 번에는 당신도 꼭 함께하면 좋겠다고 하셨어요."

"내가 왜?"

"여보… 하나님이 당신을 사랑하신다는 사실을 잊지 마세요. 기다리고 계신다는 것도요."

예전의 활발한 아내로 돌아온 것 같아 내심 마음이 놓였습니다.

부쩍 가까워진 성도들과 교회 봉사 활동도 적극적으로 하고, 배우고 싶다던 성전 꽃꽂이도 시작했던 바로 그때쯤이었습니다.

아내는 며칠 밤잠을 설치며 고민하는 것 같았습니다.

"나는 뭐… 데려와도 상관없어. 지에미같이 순하다면야… 힘들 것도 없지. 손자 보는 재미도 있을 테고."

도움이 될까 싶어 건넨 말에 아내는 대꾸도 없이 내 얼굴만

빤히 보더군요. 그러다 벌떡 자리에서 일어나더니 거실 구석에 기대어 있던 막대 걸레를 들고 구석구석 때도 아닌 청소를 시작했습니다. 아내는 결국 딸의 부탁을 거절하기 힘들었는지 '초등학교 저학년까지'라는 단서를 달고 태경이를 데려왔습니다.

그렇게 시작된 우리의 황혼 육아는 별 탈 없이 육 년째 이어지고 있었습니다. 사실 우리라고는 했지만 내가 하는 일은 그다지 많지 않았습니다. 가끔 놀이터에서 놀고 있는 태경이를 벤치에 앉아 지켜보거나 이 주에 한 번씩 목욕탕에 데리고 가 세신사에게 맡기는 정도가 전부였으니까요.

아내의 수많은 일과 중 하나는 저녁 아홉 시가 되면 하던 일을 멈추고 태경이에게 만화 성경을 읽어 주는 것이었지요. 태경이가 잠들면 아이의 자그마한 두 손을 꼭 잡아 쥐고 기도를 했습니다. 그것으로 하루의 육아가 마무리되는 것이었지요. 아내는 딸아이를 키울 때도 똑같이 했습니다.

창문이 깨지지 않을까 걱정될 만큼 매서운 바람이 불던 밤이었습니다. 태경이는 내 휴대폰으로 만화영화를 보고 있었고, 난 아침에 미처 읽지 못한 신문을 뒤적이고 있었습니다. 빨래를 개고 있던 아내는 벽에 걸린 시계를 힐긋 보더니…

"여보, 오늘부터 태경이는 당신이 좀 재워 주세요. 태경아, 뽀로로 그만 보고 할아버지한테 성경책 읽어 달라고 하자. 착하지?"

"아니, 그걸 왜 나한테? 내가 어떻게 하라고…"

"… 당신은 왜 못하는데요? 글씨 읽을 줄 몰라요?"

평소답지 않게 날카롭게 쏘아붙이는데, 놀라 아무 말도 하지 못했습니다. 그러고는 눈길 한 번을 안 주고 곱게 갠 수건을 차곡차곡 챙겨 오른쪽 팔로 감싸 안았습니다. 한 박자를 쉰 아내는 왼쪽 팔로 바닥을 짚으며 '끙' 소리를 내고 일어나 욕실로 가더군요.

'무릎이 점점 나빠진다고 속상해하더니, 그 원망을 나한테 하는 건가?.'

억울한 마음이 화로 바뀌는 건 순간이었습니다. 곧 있으면 뉴스가 시작할 시간이고 무엇보다 소리 내어 책을 읽어 준다는 것이 여간 어색하지 않았습니다. 그런 식의 반응이 나올 줄은 정말 몰랐습니다. 예전 같았으면 상상도 못 할 일이었습니다. 평생 가족을 위해 성실히 살았다는 걸 누구보다 인정하고 격려해 주던 아내였습니다.

'내 아내는 다를 줄 알았는데. 은퇴한 지 7년이 넘어가니 무시하기 시작하는 건가?'

따지고 싶었던 적이 몇 번 있었지만 그랬다가는 내 꼴만 우스울 것 같아 참고 있던 터였습니다. 더 이상 그냥 넘어갈 일이 아니란 생각이 들었지요. 일단 손자 녀석부터 재워 놓고 생각하기로 했습니다.

읽고 싶은 책을 골라 오라고 했지요. 아이는 책장에 가지런히 꽂혀 있는 만화 성경을 오른손으로 이리저리 옮겨 가며 쭉훑더니 '다윗과 골리앗'을 뽑아 왔습니다. 교회를 다니지 않는 내게도 익숙한 내용이라 다행이라는 생각이 들었습니다.

"골리앗이 나타났다!"

"어서들 달아나라!"

"아니, 사람들이 왜 이러지? 어찌하여 모두 도망치는가!"

"너는 골리앗이 무섭지도 않느냐?"

평소 아내가 태경이에게 해주던 장면을 떠올리며 만화 속다윗의 표정까지 따라 했습니다. 녀석은 무엇이 못마땅한지미간을 잔뜩 찌푸리더니 입까지 삐쭉 내밀었습니다.

"태경이 왜? 할아버지가 뭐 잘못했어?"

"저기… 할아버지. 할아버지가 하는 건 조금 이상한 것 같아요. 할머니가 읽어 주시면 안 돼요?"

잔뜩 미안한 얼굴을 하고 있었지만, 하마터면 난 고맙다고말할 뻔했습니다. 말이 떨어지기 무섭게 아내를 불렀지요. 태경이는 지혜롭고 용맹스러운 다윗의 이야기를 할머니의 목소리로 들으며 곤히 잠들 수 있었습니다. 아내가 거실로 나오면참았던 이야기들을 모두 해버려야겠다고 생각했습니다. 손자방에서 나온 아내는 조심스럽게 문을 닫더군요. 입을 떼려는 순간이었습니다.

"시장하지 않으세요? 우유라도 데워 드릴까요?"

분명 다정한 목소리였습니다.

'속 뒤집어 놓을 때는 언제고, 내심 미안하긴 했나 보지?'

쉽게 풀릴 일이 아니라는 걸 알려 주고 싶어 대답 없이 안방으로 갔습니다. 아내는 알기나 하는지 아니면 관심이 없는 건지 더 이상 말이 없었습니다. 곧 욕실에서 물소리가 들렸지요. 잘된 일이었습니다. 아내가 나오기 전에 해야 할 얘기들을 조목조목 따져 놔야겠다고 생각했습니다. 아내는 절약이 몸에 밴 사람이었습니다. 물을 아끼느라 빠르게 샤워를 끝내는 아내에게 나는 '이등병식 샤워'를 한다고 우스개 소리를 할 정도였으니까요. 세수나 양치를 할 때 물을 받아 쓰지 않는 내게 번번이 잔소리를 했지요. 그런 아내가 어느 날부터인가 30분은 기본이고 한 시간씩도 물을 흘려보내며 씻더군요.

'나이 먹더니 습관도 변하는구나…'

스스르 눈이 감겼습니다. 잠든 지 얼마 지나지 않아서였습니다.

"악!"

외마디 비명 소리에 놀라 눈을 떴습니다. 불을 켜고 아내를 살펴보니 아무 일 없다는 듯 평온한 표정이었습니다. 악몽을 꾼 것이라고 생각했지요. 잠을 청하려 자리에 누웠습니다. 몇

분이나 지났을까요. 갑자기 알 수 없는 말을 중얼거리더니 목소리는 점점 커졌습니다. 틀림없이 누구와 다투는 중인데 혹시 상대가 나는 아닌지 들어 봤지만 알 길은 없었습니다.

"여보! 여보?"

"….."

곧 코고는 소리만 들려왔습니다. 아내는 원래 숨소리조차 내지 않는 얌전한 잠버릇을 가진 사람이었습니다. 내가 모르는 고민이라도 있는지, 몸이 안 좋은 것은 아닌지 이런저런 생각으로 잠을 이루기 힘들었습니다. 해가 뜨고 나서야 다시 잠들었던 것 같습니다. 평소대로 아침을 차리고 있는 아내는 컨디션이 나빠 보이지도 않았습니다.

"어쩐 일로 늦잠을 다 주무셨어요?"

"뭐? 늦잠을 자? 무슨 꿈을 그렇게 요란히 꾸는 거요?"

태연한 아내의 말을 듣자 걱정 대신 핀잔이 튀어나오고 말았습니다.

"꿈이라니요?"

어제 못 한 얘기를 당장 해야겠다고 생각했습니다.

"이리와 앉아 봐요."

아내는 잠시 멈칫하더군요.

'그래도 아직 남편이 무섭기는 한가 보지?'

"어머! 내 정신 좀 봐. 태경이 준비물을 안 챙겨 줬어요. 나

유치원 좀 다녀올게요. 다 차려 놨으니까 밥만 떠서 드세요."

아내는 식탁 위에 올려 있던 쇼핑백을 들고 황급히 나갔습니다.

"이 사람아, 앞치마는 벗고 가야지!"

아내는 듣지 못한 것 같았습니다. 현관문을 열어 봤지만 엘리베이터는 이미 아래로 향하고 있었습니다. 전화를 걸자 안방에서 벨이 울리더군요. 누구보다 꼼꼼하고 얌전하던 사람도 '나이에는 장사 없구나' 생각하며 따라나섰습니다.

그사이 택시라도 잡아탔는지 아내의 모습은 보이지 않았습니다. 마땅히 눈 둘 곳을 잃고 두리번거리다 손에 들린 아내의 휴대폰에 눈이 멈췄습니다. 화면을 열자, 지난 가을 태경이가 찍어 준 우리 부부의 모습이 보이더군요. 그즈음 태경이는 휴대폰으로 사진 찍는 것에 재미를 붙이고 있었습니다. 작은 손으로 제법 그럴싸하게 구름이며 화단의 꽃을 찍어 우리에게 박수를 받았습니다. 저녁 식사 후 소화도 시킬 겸 동네 공원으로 산책을 나갔었지요. 가을 단풍을 바라보며 아내는 연실 감탄했습니다.

"세상에… 하나님 아버지, 어느새 이렇게 예쁘게 물들여 주셨나요? 감사합니다."

아내의 말에 괜스레 하늘을 힐긋 올려 봤던 것 같습니다.

"여보, 내 나이를 계절로 따지면 꼭 가을쯤 되겠지요? 사람도 이때쯤 알록달록 아름다워지는 거라면 얼마나 좋을까요? 지금 제일 아름다운 시절일 텐데요. 안 그래요?"

아내는 본인이 한 말이 꽤 재미있는지 소리까지 내며 웃더니 찬송을 흥얼거리기 시작했습니다.

"참 아름다워라. 주님의 세계는… ♪"

나는 별다른 반응을 하지 않았습니다. '그게 무슨 말이야? 단풍이 아무리 예쁘다 한들 당신하고 비교가 되겠어요?' 같은 소리가 내 입에서 나오지 않을 거라는 건 아내도 익히 알았을 테지요.

"할머니, 할아버지 여기로 오세요. 태경이가 사진 찍어 줄 게요."

태경이는 공원에서 가장 크고 노랗게 물든 은행나무 아래 벤치에 우리를 앉혔습니다. '사진은 무슨 사진이냐.'고 하려다 손가락으로 'V자'를 만들고 미소 짓는 아내를 보고 나도 그냥 따라 했었지요. 휴대폰 속 아내 얼굴에 검지와 중지를 대고 양쪽으로 밀었습니다. 매일 보는 얼굴인데도 사진으로 보는 아내는 다른 느낌이었습니다. 팽팽하고 곱던 얼굴 위로 세월의 흔적이 주름져 있었습니다. 가슴 한편이 묵직해졌지요.

집으로 올라가는 엘리베이터 안에서 거울에 비친 나를 보았습니다. 아내가 반했다던 짙고 검은 눈썹 사이 사이 하얀 털이 삐져나와 있었습니다. 거울로 바짝 다가갔지요. 손톱을 세워 뽑아내려 했지만, 초점이 흐려지고 아까운 검은 눈썹만 몇 개 없앴습니다. 아내가 돌아오면 족집게로 뽑아 달라 해야겠다 생각했지요. 아내가 그 흰 눈썹을 없애 줬는지까지는 지금 기억나지 않습니다.

퇴직하고 한동안은 환한 대낮에 집에 있는다는 것이 영 익숙지 않았습니다. 아침이면 출근하듯 밖으로 나갔지요. 현직에 있던 어느 날 구역 예배에 다녀온 아내가 말했습니다.

"당신 삼식이가 뭔지 아세요?"

"삼식이? 바닷고기 아냐. 그게 생긴 건 별로여도 살이 연하고 시원하다구. 술 먹은 다음 날 속 푸는 데는 최고지."

"아뇨. 생선 말구요. 집에서 세끼를 꼬박 찾아 먹는 백수 남편을 요즘엔 그렇게들 부른대요. 말도 참 잘들 지어내죠?"

하얀 이를 드러낸 그날의 아내의 얼굴이 마지막 퇴근길에 뜬금없이 떠올랐습니다. 같이 웃자고 한 소리란 걸 알면서도 부아가 치밀더군요. 그 주인공이 될 마음은 전혀 없었습니다. 보통은 출근 시간에 맞춰 도서관으로 가 책을 읽었습니다. 제 1열람실 맨 끝 창가 자리는 나의 전용 좌석이었지요. 점심때가 되면 지하 구내식당에 내려가 식사를 했습니다. 가격도 저렴하고 맛도 그런대로 괜찮았습니다. 식사가 끝나면 자판기 고급 커피로 입가심을 한 후 운동 삼아 도서관 마당을 열 바퀴씩 빠지지 않고 걸었습니다. 지루하거나 날씨가 좋은 날은 버스로 세 정거장 거리에 있는 친구의 사무실까지 운동 삼아 걸어갔습니다. 대기업에서 명퇴한 뒤 홀로 무역업을 하고 있어 눈치 볼 사람도 없으니 그렇게 좋은 놀이터가 없었지요. 주로 신문을 보거나 인터넷 검색을 하며 시간을 보냈습니다. 친구가 한가한 날은 점심 내기 바둑두기를 하기도 했지요. 아내는 그런 내 마음을 눈치채기라도 했는지 한 번은 이런 이야기를 하더군요.

"당신이 우릴 위해 얼마나 열심히 살았는지 잘 알고 있어요. 지금은 하나님께서 허락하신 선물 같은 시간이에요. 맘껏 누려요. 얼마나 감사한 일이에요? 어떤 것도 두려워 마세요. 하나님이 우리와 함께하신다는 사실만 기억해요. 내가 당신을 위해 항상 기도한다는 것도요."

신을 믿지 않았지만 아내의 위로가 좋았습니다. 분명 조금은 더 가벼워진 마음으로 지낼 수 있었습니다. 아내는 그렇게 포근한 사람이었습니다. 주말이면 딸과 사위는 우리를 찾아왔습니다. 태경이를 데리고 사돈댁에 가거나 여행을 떠나기도 했지만, 대부분은 아내가 해주는 밥을 먹으며 푹 쉬고 돌아갔습니다.

매달 첫째, 셋째 토요일은 내가 고등학교 동창들과 등산을 가는 날입니다. 이것저것 챙길 것이 많은 아내에게는 가장 바쁜 날이기도 했지요. 먼지 하나 없이 화창했던 4월의 어느 봄

날이었습니다. 진달래 축제를 하고 있는 고려산은 어느 때보다 분주하고 화려했습니다. 여기저기 풍성한 꽃꽂이를 해놓은 것 같았지요. 어느새 백발이 된 호승이는 딸내미 결혼식을 앞두고 들떠 있었습니다. 뒤늦게 첫 손자를 본 종선이는 사진도 모자라 동영상까지 내밀며 "이 녀석 턱 좀 봐라. 큰 인물 될 관상 아니냐?"를 시작으로 연실 자랑을 해댔지요. 손주 자랑은 돈 내놓고 하라는 말에 흔쾌히 버섯전골과 인삼 막걸리를 뒤풀이로 내겠다고 했습니다. 친구들과의 대화와 구경하는 재미에 힘든 줄도 모르고 산을 올랐지요. 크고 화려하게 피어 있는 진달래와 철쭉꽃 무덤도 좋았지만 자세히 보지 않았으면 지나쳤을 풀꽃들을 보는 것은 더 큰 즐거움이었습니다.

딸아이가 어릴 적 우리 세 식구는 산으로 들로 참 많이도 다녔습니다. 햇볕이 좋은 날이면 아내가 정성스레 만든 도시락을 가지고 가까운 곳이라도 소풍을 갔지요. 봄이면 좋아하는 풀꽃들이 천지라며 아내는 동그란 눈을 바삐 움직였습니다.

"어머나 예뻐라. 여보 이게 무슨 꽃인 줄 아세요?"

"그거야 뭐 풀꽃 아닌가?"

"치… 멋없기는! 애네들도 다 이름이 있다구요. 가만 보세요. 꽃이 꼭 별 모양을 닮았죠?"

"그런 것도 같네…"

"그래서 이름이… 개별꽃이에요. 이름도 예쁘지요? 산속

나무 밑에 이렇게 앙증맞게 피어 있어서 꽃말도 귀여움이래요."

신나서 얘기하는 아내는 여고생 때로 돌아간 것 같았습니다.

산을 오르고 내리며 친구들에게 아내에게서 배운 풀꽃의 이름이나 꽃말을 알려 주는 것도 재미 중 하나였습니다.

우리는 언제나처럼 정상에 올라 챙겨 온 도시락을 먹기로 했습니다. 손 크고 인심 좋은 아내는 친구들과 함께 먹으라며 매번 널찍한 2단 목기 찬합을 가득 채워 준비해 주었지요. 도시락 윗 칸을 열자 윤기 흐르는 쌀밥이 가득 들어 있었습니다.

"와 반찬이 따로 필요 없겠다. 우리 마누라 봐라. 집 앞 분식집에서 김밥 사다 그대로 도시락통에 넣어 줬다."

"야, 너는 마누라한테 절해야겠다. 우리 애 엄마는 종팔이 댁만 믿고 일회용 젓가락이나 챙겨 가라고 하더라. 하하하. 오늘은 또 얼마나 맛있는 걸 싸주셨나? 어서 열어봐."

왠지 모를 으쓱한 기분을 느끼며 두 번째 찬합을 열었습니다. 윤기 흐르는 쌀밥이… 가득 들어 있었습니다. 그 순간 전화벨이 울렸습니다.

"… 아빠…"

딸아이의 목소리는 흔들리고 있었습니다.

집 안은 그야말로 엉망진창이었습니다. 사위는 눈물범벅이

된 태경이를 달래고 있었습니다.

"엄마 정신 좀 차려봐. 응? 괜찮아?"

딸 아이는 움찔거리는 아내의 어깨를 부둥켜안고 있었지요. "미안해. 정말 난… 그냥… 아무것도 모르겠어. 미안해. 하나님 아버지…" 같은 말만 반복하는 아내의 눈동자는 허공에 던져져 있었습니다. 천장은 시커멓게 그을려 있었고 바닥은 물과 재, 오물들이 뒤섞여 있었습니다.

아내는 딸과 사위가 도착하기 전, 식사 준비를 위해 근처 마트에 갔다고 합니다. 집으로 돌아오는 길에 아파트 담장에 핀 붉은 철쭉꽃에 잠시 눈을 빼앗겼었다고…. 그것이 아내의 마지막 기억이었습니다. 태경이는 혼자 남아 제 방에서 낮잠을 자고 있었고 가스레인지 위에는 다 쫄아 버린 된장찌개 냄비가 올려져 있었습니다. 아내는 평소 아이만 집에 두고 외출을 하는 일이 없었습니다. 잠에서 깨어난 아이는 아무도 없다는 것을 알고 놀랐겠지요. 온 동네가 시끄럽게 울어 대며 집 밖으로 나갔었나 봅니다. 복도로 나온 옆집 아주머니가 집 안에서 나오는 연기를 알아채고 더 큰 피해를 막을 수 있었지요.

진단명. '알츠하이머.'

아내의 나이 불과 56세였습니다. 태경이는 친할머니의 손에 맡겨졌습니다. 며느리가 임신했다는 말을 듣고는 축하 대신 "손주 키워 달라는 말은 하지 마라." 했던 분이었지요. 딸은 두고두고 섭섭해했었습니다. 그런 안사돈이 스스로 내린 결정이라고 했습니다.

아내의 뇌에는 이상 단백질이 쌓여 가고 있다고 했습니다. 그것들은 신경 세포를 파괴하면서 뇌를 서서히 죽여 가고 있었지요. 이해하기 힘든 아내의 행동들이 병 때문이었다니, 12분에 한 명씩 환자가 생겨날 만큼 흔한 병이 됐다는 치매 관련 기사를 볼 때도 그것이 나의 일이 될 거라고는 생각하지 못했습니다. 의사는 이른 나이의 발병인 만큼 진행 속도도 빠르다고 했습니다. 현재로서는 진행을 늦추는 약을 먹는 방법밖에 없다고 하더군요. 길어도 4~5년을 넘기기 힘들 거란 의사의 잔인한 말에, "어디서 그따위 소리를 함부로 해!"라고 고함을 지르며 병원 밖으로 뛰쳐나갔습니다.

우리는 마치 아무 일도 없는 듯 행동했습니다. 아내는 예전처럼 밥을 짓고, 주말이면 교회에 갔습니다. 소금 대신 설탕 넣은 국을 내어놓기도 했고 취사 버튼을 누르지 않아 다 차려 놓은 밥상 앞에서 한참을 기다려야 했던 적도 있었습니다. 교회에서 집으로 오는 길을 잃어버려 몇 시간을 찾아 헤매기도 했었지요. 어느 때부턴가는 외출했다 돌아오면 신고 나갔던 신발을 어딘가에 숨겨 놓고 찾느라 애를 썼습니다. 어린 딸을 혼내는 아빠처럼 아내를 야단쳤던 것 같습니다. 조용히 듣고 있던 아내는 "내가 알고 그랬겠어요? 그러니깐 치매 환자라는 거겠죠."라며 눈물을 훔쳤습니다. 달래 주기는커녕 그 길로 태경이가 놀던 놀이터에 나가 앉아 피울 담배가 남아 있지 않을 때가 되어서야 아내 곁으로 돌아갔습니다. 소름 끼치도록 집 안이 조용한 건 단지 태경이가 없기 때문이라고 생각했습니다. 아니 '생각하고 싶었다'고 하는 것이 맞겠지요.

아내의 약은 점점 더 늘어났고 취한 듯 자는 시간도 많아졌습니다. 잠든 아내를 확인하고 나면 혼자 술병을 찾는 것이 일상처럼 되었었지요. 알딸딸한 정신으로 생각하고 또 생각했습니다. 아무리 생각해 봐도 왜 이런 일이 내게 벌어진 건지 이해할 수도, 인정할 수도 없었습니다. 모든 것이 다 내 탓 같았다가, 바보 같은 여자는 신이 어디 있다고…. 그토록 사랑한다는 하나님이 정말 있다면 왜 아내를 버린 건지, 도대체 아내가 무슨 죄를 지었다고 이런 벌을 내렸는지 믿지도 않는 하나님을 욕하고 원망했습니다. 어디서든 답을 찾고 싶지만 찾을 수 없었습니다.

여전히 주말이면 아이들은 집으로 왔습니다. 어느 토요일 밤, 잠자리에 들려던 태경이는 예전 생각이 났는지 만화 성경을 들고 아내에게 달려갔습니다.

"할머니! 다윗과 골리앗 이야기 들려주세요."

아내는 손자를 무섭게 노려봤습니다.

"버르장머리 없는 녀석 같으니라고! 어디 엄마한테 혼 좀 나

볼래?"

태경이는 전에 본 적 없던 외할머니의 모습에 놀랐는지 얼굴을 찡그리다 눈물을 쏟아 냈지만, 아내는 서럽게 우는 손자를 쳐다보지도 않았습니다. 아내의 변한 모습을 받아들이지 못하는 건 딸아이도 마찬가지였습니다.

"엄마, 하나님은 왜 내 기도를 들어주지 않아? 나 너무 힘들어. 이제 하나님 믿지 않을 거야. 그래도 괜찮아? 응? 대답 좀 해봐 엄마! 제발…"

"… 엄마가 미안해…."

아내를 다그치는 딸아이를 나와 사위는 진정시켜야만 했습니다. 집으로 돌아가는 아이들을 배웅하며 매주 올 필요 없다 일렀지요.

아내는 지워져만 가는 기억을 잡기 위해 부단히 노력했습니다. 휴대폰 알람을 맞춰 놓고 스스로 약을 챙겼습니다. 가끔은 무슨 이유로 소리가 나는지 몰라 당황해했고 끄는 방법을 잊어버려 대신 해줘야 할 때도 있었지만요. 정신이 맑은 날에는 찬송을 부르고 중간에 몇 번을 멈췄다 이어 가야 했지만 간절한 기도를 올렸습니다. "하나님 감사합니다."로 시작하는 아내의 기도 소리가 들리면 어쩐 일인지 심사가 뒤틀려 그 자리를 피해야 했습니다.

그럼에도 불구하고 아내의 병은 점점 빠르게 속도를 내고 있었습니다. 아내 대신 식사는 내가 맡아야 했습니다. 혼자 하는 바깥 외출은 꿈도 꿀 수 없었고 입는 것, 먹는 것조차 하나씩 가르쳐 줘야 했습니다. 하루에도 몇 번씩 같은 설명을 해줘도 아내는 처음 듣는 것 같았습니다. 가끔씩 나를 '아빠'라고 부르기 시작한 것도 아마 그때쯤 같습니다.

아침 식사를 준비하러 주방으로 갔습니다. 거실에 있는 줄 알았던 아내가 보이지 않자 덜컥 겁이 났습니다. 내가 잠든 사이 몰래 집 밖으로 나가 한바탕 소동이 났던 바로 며칠 뒤였습니다. 헐레벌떡 신발을 구겨 신고 현관 손잡이를 잡았던 찰나였지요. 어디선가 아내의 목소리가 들렸습니다. 소리를 따라가 보니 거실에 딸린 욕실이었습니다. 오랜만에 정신이 돌아온 아내가 딸아이와 통화를 한다고 생각했습니다. 언제 다시 올지 모르는 시간을 방해하고 싶지 않았습니다. 반가운 마음에 천천히 문 가까이 귀를 가져갔습니다. 내 예상이 틀렸다는 건 금방 알 수 있었습니다. 다리에 힘이 풀려 주저앉는다는 말을 처음으로 실감했지요.

"아줌마가 자식을 다섯이나 낳았다구요? 세상에! 대단하세요! 나이도 나랑 비슷한 것 같은데… 올해 몇이세요?"

있는 힘껏 문을 열어젖혔습니다. 아내는 개의치 않고 거울 속의 얼굴과 이야기를 이어 갔습니다.

"지금 뭐하고 있는 거야!"

아내의 팔을 거칠게 잡아다 거실 바닥에 팽개치듯 밀어 버렸습니다.

"정신 차려! 아니, 이렇게 사느니 같이 죽는 것이 나아! 죽자! 우린 죽어야 해! 죽어!"

힘없이 널브러진 아내를 일으켜 양손으로 어깨를 붙잡고 고개가 꺾어질 만큼 세차게 흔들어 댔습니다. 처음 보는 놀란 눈을 뜬 아내는 몸도 제대로 못 가누면서 양손을 연신 비비고 있었습니다.

"아빠 무서워. 아빠 내가 잘못했어. 용서해 주세요."

아내는 다섯 살짜리 어린애처럼 울부짖기 시작했습니다. 내 온몸의 피가 눈으로 쏠리고 있는 것 같았습니다. 어쩌다 이 지경까지 온 건지 더 이상은 도저히 견딜 수 없었습니다. 아내 어깨 위에 올려진 떨리는 두 손을 아주 조금씩, 천천히 옮겨가기 시작했지요. 아내의 목은 내 두 손으로 감싸고도 남을 만큼 가늘었습니다. 눈을 질끈 감고 깊은 숨을 끝까지 들여 마셨습니다. 힘을 주려는 순간 아내의 울음소리는 흐느낌으로 변했습니다.

"여보… 나 괜찮아. 당신 생각대로 해요. 부탁이야. 이렇게 살고 싶지 않아. 미안해요. 너무너무 미안해…."

나의 아내였습니다. 몇 달 만에 예전의 모습으로 마주하게 된 아내를 보니 터질 것 같던 눈은 참아 왔던 슬픔을 한꺼번에 쏟아 내기 시작했습니다. 미친 듯 나대는 심장으로 있는 힘껏 안았습니다. 아내의 심장도 나와 같은 속도로 뛰고 있었습니다.

"내가 잘못했어. 미쳤어. 내가 미쳤었나 봐."

"여보, 나 이제 점점 더 나빠질 거야. 아… 하나님 아버지… 하나님도 우리를 이해해 주시지 않을까요?"

아내는 분명 두려워하고 있었습니다.

"하나님 우리를 용서 하세요. 여보, 나… 나 시설로 보내 줘요. 당신한테 더는 추한 꼴 보이고 싶지 않아. 부탁이에요."

"그런 소리 말아. 당신이 말했지? 하나님이 우리와 함께하신다고. 나도 마찬가지야. 나도 항상 당신 옆에 있을 거야. 아무 데도 안 보내. 나만 믿어. 날 용서해요."

우리는 한참을 끌어안은 채 그렇게 울고만 있었습니다. 어쩌면 그 일이 있기 전까지는 '아내가 얼마나 속상하고 힘들까.'라는 생각보다 내 억울하고 힘든 처지가 더 가여웠던 것 같습니다. 내 품에서 울다 잠든 아내를 보며 잠깐이라도 온전한 정신을 찾았을 때나 그렇지 못할 때도 항상 웃게 하겠다고 약속했습니다. 고칠 수 없는 병이라는 걸 알았지만 진행을 늦추기 위해 더 노력하다 보면 치료제가 개발될 거라 믿기로 했습니다. 아내와 함께 이 몹쓸 병을 견디어 내겠다 다짐했지요. 그리고 기도했습니다. 도와 달라고, 우리를 버리지 말아 달라고 말입니다. 아내가 혹여 하나님을 잊더라도 그 곁을 떠나지 말아 달라고 말입니다. 의지할 곳은 하나님뿐이라는 것을 인정하는 것밖에 할 수 있는 일은 없었습니다.

그날 이후 아내는 내가 눈앞에 보이지 않으면 불안해했습니다. 화장실에 갈 때조차도 가까이 있다는 것을 알기 위해 계속 이야기를 해달라고 하더군요. 마땅히 할 말이 없으면 찬송가에 적힌 주기도문과 사도신경을 읽어 주었습니다. 어느 날에는 노래를 불러 달라기에 아는 노래가 없다고 하니 평소에 좋아하던 찬송가를 펼쳐 주더군요. 아내가 즐겨 부르던 노래라 악보를 보고 천천히 따라 부를 수 있었습니다. 아내는 박수까지 치며 좋아했지요. 매일 빠지지 않고 뒷동산으로 운동 겸 산책도 시작했습니다. 여전히 외출 후에는 감쪽같이 신발을 숨겨 놓아 골탕을 먹이지만 우리는 놀이처럼 함께 찾아냅니다.

일주일에 세 번은 치매 센터에도 갑니다. 태경이가 유치원에서 했던 것처럼 아내는 색종이로 비행기를 만들고 부채에 그림도 그려 넣습니다. 제일 흥미를 보이는 놀이는 '장난감 낚시 대결'입니다. 플라스틱 물고기를 어찌나 잘 잡아 올리는지 일등을 하면 '야호' 하며 하이파이브를 하자 두 손을 내밉니다. 나도 모르게 볼에 입맞춤을 해주었지요.

일요일이면 아내가 다니던 교회에 나가 예배를 드립니다. 아내의 표정은 교회 안에서 그 어느 때보다 평온합니다. 그렇게 원하는 걸 알면서도 아프기 전에 해주지 못해 미안했지만 이제라도 함께 할 수 있으니 감사합니다. 힘이 되는 성경 말씀도 생겼습니다. "너는 내게 부르짖으라. 내가 네게 응답하겠고 네가 알지 못하는 크고 은밀한 일을 네게 보이리라."(렘 33:3) 그리고 우리는 동네에서 유명한 잉꼬부부가 되었습니다.

어느덧 아내는 환갑을 앞두고 있고 나는 칠순이 되었습니다. 의사가 말했던 4~5년을 지나가고 있는 중입니다. 초등학교 4학년이 된 태경이는 제법 의젓해지고 부쩍 힘도 세졌습니다. 외출할 때면 할머니를 지켜야 한다며 먼저 나서 부축을 합니다. 딸과 사위는 아내의 5월 생일에 맞춰 가족 여행을 준비하고 있습니다. 아내를 위해 준비한 성지 순례 코스를 따르기로 했지요.

"엄마, 샤프 선교사님 이야기가 있는 영명동산 알지? 엄마가 꼭 가고 싶다고 했었잖아. 우리 같이 갈거야. 태경 아빠가 근처 맛집도 다 알아 놨어요. 어때? 좋아?"

"응, 좋아…"

"엄마가 좋다니까 내가 더 신나네."

우리 가족은 새로운 매일을 설레이며 기다리고 있습니다. 입춘도 한참 지난 3월에 때아닌 폭설이 내렸습니다. 기온도 낮아 빙판길에 아내가 넘어지기라도 할까 며칠째 외출도 하지 못했지요. 아내는 같이 그림을 그리자 해도 이런저런 이야기를 꺼내어 봐도 시큰둥이 치맛자락만 만지작거릴 뿐이었습니다.

"우리 산책 할까?"

말이 끝나자마자 아내는 싱크대 안에 숨겨 놓았던 신발을 용케도 찾아와 내 손에 들려 주었습니다.

뒷동산을 오르던 아내는 발길을 멈췄습니다. 그대로 그 자리에 오그리고 앉더니 일어날 생각을 하지 않더군요. 아마도 실수를 한 거라고 생각했습니다. 아내에게 가까이 다가가 작은 소리로 말했지요.

"기저귀 했으니까 괜찮아요. 그만 집으로 갑시다."

아내는 일으키려 잡은 내 손을 잡아당겼습니다.

"예쁘다."

"응? 뭐?"

아내는 바닥으로 고개를 수그리더니 숨을 크게 들여 마셨습니다. 그곳에는 흰 눈에 갇힌 하이얀 풀꽃이 작은 얼굴을 내밀고 있었습니다. 아내 옆에 바짝 다가가 같은 모양으로 앉았습니다. 아내가 했던 것처럼 풀꽃에 코를 댄 채 눈을 감고 숨을 크게 들이쉬었습니다. 달달하고 알싸한 향기가 온몸 곳곳으로 퍼져 나갔습니다. 예전의 아내라면 이름뿐 아니라 꽃말까지 눈을 반짝이며 이야기했겠지요.

"이 꽃 이름은 뭐야?"

어쩌면 살짝 기대 했는지도 모르겠습니다.

"아름다워."

그래, 중요하지 않았습니다. 이 꽃을 우리가 함께 볼 수 있는 것만으로도 괜찮았지요. 아니, 행복했습니다.

"그렇네. 아름답네."

아내는 자그마한 꽃에서 눈을 떼지 못했습니다. 그런 아내에게서 나는 눈을 뗄 수 없었습니다.

"그래도 당신만큼 아름다울까…"

아내는 고개를 돌렸습니다. 까만 눈동자 속에 내 얼굴이 비쳐 보였지요. 가만히 들여다보았습니다. 아내도 분명 내 눈동자 속 자신을 보고 있었습니다. 시간이 멈춘 것 같았습니다. 아내의 입꼬리는 천천히 위로 향했고 그 입은 노래 부르기 시작했습니다.

"참 아름다워라. 주님의 세계는 저 산에 부는 바람과 잔잔한 시냇물♪"

아내를 따라 나도 함께 찬양을 드렸습니다.

"그 소리 가운데 주 음성 들리니 주 하나님의 큰 뜻을 나 알 듯 하도다♪ 주여, 감사합니다. 항상 함께하심을, 나를 사랑하심을 이제 내가 압니다. 주님 우리를 지켜 주소서. 믿고 의지합니다."

"아멘…."

한 줄기 햇살이 무대 위 주인공을 비추는 조명처럼 우리를 비추고 있었습니다. 아내의 머리칼이, 뺨을 타고 내려오는 눈물이, 해사하게 웃는 아내의 미소가 캄캄한 밤하늘 별처럼 밝게 반짝였습니다.

곽진영

사람들과 만나고 이야기 나누는 것을 좋아하는 신인 소설가이다.
2021년 66회 한국소설 신인상으로 등단했다.
단편 「보름달, 그날」이 『2022 신예작가』에 수록되었다.

단편소설
선외가작

강물처럼, 함께

박제민

"똑, 똑, 똑, 똑….."

러틀랜드 바우턴의 교향곡 '올리버 크롬웰'의 1악장이 흐르는 가운데, 손톱 깎는 소리가 솔로 연주자의 연주처럼 중간중간 끼어들었다. 나는 손톱을 깎고 있었다. 바짝. 까만 줄이 보이는 즉시 처리하는 게 원칙이다. 손톱에 때가 끼어 있는 건 정결하지 못한 일이니까. 음악이 웅장하게 울려 퍼져 마음의 먼지를 떨어내는 것 같다. 곡은 크롬웰을 영웅적으로 그려 낸다. 문득 '음울한 느낌이 드는 건 왜일까?' 하고 생각했다. 종교, 개혁이라는 이름으로 이루어지는 전쟁, 약탈, 살인, 강간에 대한 염증인가? 17세기 영국에서 벌어진 종교전쟁에서 활약한 청교도 크롬웰은 호국경에 올라 전권을 행사하면서 금욕적이고 억압적인 정치를 했다. 종교개혁의 지도자인 장 칼뱅 역시 제네바에서 엄격한 기준을 내세워 시민을 통제했다고 알고 있다. 예배 중에 졸면 구속, 악기를 연주하면 추방, 스케이트를 타면 벌금? 나는 징계가 조금 과했다 싶지만, 그래도 기본적인 생각에는 동의한다. 때가 너무 빨리 낀다. 손톱이 빨리 자라서 그런 건가? 죄와 징계에 대해 진지하게 생각하다가 금방 딴생각으로 흘렀다. 나는 잘 다듬어진 손톱을 보면서 기분이 좋아졌다. 언제나 행복하면 좋겠다고 생각했다. 불현듯 평행 우주 속으로 떨어진 것처럼 주일 설교가 생각났다. 은혜에 관한 설교는 늘 내 기분을 언짢게 했다. 그럴 때면 들리는 것을 내 맘대로 편집해서 이해하곤 했다. 나는 듣고 싶은 대로 듣고, 믿고 싶은 대로 믿는 편이다. 편집에 은사가 있나 보다.

주일 오후 청년부 예배 때였다. 이보금 목사가 열댓 명의 청년들 앞에서 설교하는 중이었고, 나는 못마땅한 얼굴로 앉아 있었다.

"그러니까, 간음한 여인은 원래 돌로 쳐서 죽이게끔 되어 있어요. 그게 율법이죠. 그런데 예수님은 그 상황에서 '너희 중에 죄 없는 자가 먼저 돌로 치라'고 하셨어요. 예수님은 간음한 여인을 정죄하지 않으셨지요. 바리새인들은 예수님을 모함하지 못해서 안달이었어요. 어떻게든 흠을 잡으려고 따라다니고 시험하고 곤경에 빠뜨렸지요."

'율법은 지키라고 있는 거 아닌가? 예수님도 율법을 완성하러 오신 거라고 했잖아. 간음한 여인은 죽어야지. 그래야 다른 사람들도 겁나서 죄를 짓지 않지. 죄는 당연히 심판받아야 마땅한 거잖아.'

나는 옆에 있는 애들을 꼬나보았다. 하나같이 순수한 것처럼 보였다. '가증스럽기는' 얼마 전부터 추악한 소문이 돌았는데, 나도 어쩌다 듣게 되었다. 몇 명이 모여 술을 마시러 다닌다는 둥, 누가 누구를 성추행했는데 이번만이 아니라는 둥. 하나님은 이런 애들을 어떻게 가만히 두실 수가 있는지…. 나는 다른 사람들이 죄짓는 것에 대해 유독 민감하다. 담임 목사님께 알려 뭔가 조치해야 한다고 생각했다. '은혜의 독재', 무조건 은혜로 넘어가자는 말에 신물이 난다. 간혹 교회에서 은혜라는 말로 다 덮는 경향이 있다. 권징의 신실한 실행이 참된 교회의 표지 중의 하나인데, '우리 교회에는 권징이 있나? 혼내면 떠나서 다른 교회 가면 되니까 안 하는 건가? 그럼 목사가 죄짓다가 걸리면 어떻게 되는 거지? 개신교 시스템 안에서 권징은 불가능한 것일지도 모른다. 그렇다고 포기할 수는 없지. 신앙생활 열심히 해서 빨리 장로가 되고 싶다. 힘 있는 장로가 되어 권징을 제대로 하는 교회를 만들고 싶다.' 이런저런 생각 때문인지, 이 목사의 설교 대부분이 귓바퀴를 맞고 튕겨 나갔다.

"죄 없는 사람은 없을 거예요. 물론 예수님이 우리 죄를 대속하셨기 때문에, 예수님을 믿기만 하면 의인으로 살 수 있습니다. 완전하고 완벽한 의인은 아니겠지만요. 우리는 '이미'와 '아직'의 긴장 속에 있을 수밖에 없어요. 살아 있는 동안 성화의 과정을 살고 있지요. 예수님은 그 여인에게 다시는 죄를 범하지 말라고 하셨어요. 그런데 여러분! 인간은 죄짓지 않고 살수 있을까요?"

이 목사는 몇몇 청년들의 얼굴을 쳐다보았다. 애들은 멋쩍은 표정을 지으며 시선을 돌렸다.

'죄짓고 회개하고, 죄짓고 회개하고…. 언제까지 계속되어야 하는 걸까? 지겹다. 성령님이 내 마음속에 들어오면 그때부터 죄를 지을 수 없게 되는, 뭐 그런 식의 은혜는 왜 없는 걸까? 세례를 받고 나면 더는 죄를 짓지 않게 된다든지, 제자 훈련을 3년 받으면 의롭게 살 수 있게 된다든지, 뭐 그런 일이 생기면 짱인데. 예수님이 여인에게 죄짓지 말라고 했지만, 그 여인은 아마 또 죄를 저질렀을 거야. 죄짓고 바로 심판을 받게되면 무슨 일이 일어날까? 세상은 이미 끝나 있겠지? 죄의 삯은 사망이니까.'

나는 앞자리에 앉아 있는 수정의 뒤통수를 쳐다보았다. 수정은 오른손으로 이마를 문지르며 고개를 숙이고 있었다. 그옆에 요한이 앉아 있었는데, 그는 이 목사를 뚫어지게 쳐다보며 연신 '아멘!'을 큰소리로 외치고 있었다. 수정과 요한은 찬양팀이어서 앞쪽에 앉은 것이고, 다른 찬양팀원들도 그 옆에있었다. 나는 며칠 전에 화장실에서 있었던 일이 생각났다.

"수정이가 성추행을 당했어, 요한이한테."

"무슨 소리야? 그건 또 누구한테 들은 거냐?"

"내가 직접 본 거야. 아니, 들은 거야. 그날 찬양팀 연습이 있었잖아. 잠깐 쉬는 시간인데, 요한이랑 수정이가 같이 청년부실을 나갔거든. 연습을 다시 해야 하는데, 얘네가 안 오는 거야. 그래서 나랑 선재가 찾으러 갔다가 방송실 안에서 나는 소리를 들었지. 그래서 우리가 살금살금 다가갔는데….."

"그래서, 어쨌는데?"

"안에서 수정이 목소리가 들리는 거야. '오빠, 왜 자꾸 건드려요? 자꾸 이러시면 저 참지 않을 거예요.' 이러는 거야. 거부하는 말이지만 유혹하는 느낌이었지. '내가 뭘 어쨌다고 그래? 나 아무것도 안 했다.' 이어서 발뺌하는 듯한 요한의 목소리가 들렸어."

영선은 요즘 핫한 드라마 이야기라도 하는 듯 열을 올렸다. 하긴 남 이야기만큼 재미있는 게 있을까. 게다가 잘못한 이야기, 죄지은 이야기라는데 얼마나 재미있을까.

"야, 잠깐만. 저기."

한동안 아무 소리도 들리지 않았다. 나는 궁금해서 귀를 쫑긋 세우고 멈춰 있었다. 물 내려가는 소리가 들리고 이어서 문 여는 소리와 발걸음 소리가 들렸다. 둘이 나간 거다. 변기에 앉아 있던 나는 신경질적으로 머리를 긁었다.

"이게 뭔 소리야?"

나는 멍한 표정으로 문짝을 바라보았다. 스티커에 있는 "내게 능력 주시는 자 안에서 내가 모든 것을 할 수 있느니라"(빌 4:13)라는 말씀이 나를 쳐다보았다. 나는 아무것도 할 수 없을 것 같아 속상했다. 주먹으로 화장실 문을 몇 번 치는 시늉을 했다. 교회에서 왜 이런 일이 일어나는 건지 도저히 이해할 수 없었다. 예수님을 따르겠다는 사람들이 모인 교회가 더 추악하게 느껴지는 건 왜일까? 내 똥 냄새보다 역겨웠다. 나는 눈을 꼭 감았다가 떴다. 누군가는 해야 할 일이다. 사명감이 뭐라고, 막 불타올랐다. 커다란 돌멩이가 손에 들려 있는 듯 묵직했다. 다만 수정이가 비련의 여주인공인 게 안타까울 따름이다.

이보금 목사가 단상을 벗어나 청년들 사이로 걸어오면서 설교를 이어 갔다.

'설교 중에 왜 돌아다니는지 모르겠어. 자는 사람 깨우려는 건가?'

나는 그런 이 목사가 불편했다. 이 목사의 시선을 피하면서 계속 요한과 수정을 보았다. 요한의 시선은 이 목사를 좇았다. 때마다 큰소리로 '아멘'을 외쳤다.

'뭐가 아멘이냐고? 요한이 쟤는 어쩜 저렇게 뻔뻔할 수가 있지? 예수님이 간음한 여인을 용서했다고 쓰여 있으니까 자기도 용서받았다고 생각하는 걸까? 죄는 그냥 회개만 한다고 빨래하듯 깨끗해지는 게 아닐 텐데. 수정이가 불쌍해. 얼떨결에 당한 걸 거야. 그러고도 뭐가 좋아서 계속 찬양팀을 하고 있는지. 혹시 가스라이팅인가? 요한이는 벌을 받아야 해. 이번이 처음이 아니잖아. 피해자가 더 나오기 전에.'

나는 갑자기 짜증이 올라오는 걸 겨우 참았다. 콜라 거품이 컵 입구에서 간신히 멈추듯…. 수정을 좋아하기 때문이었는지도 모르겠다. 무엇보다 교회 안에서 하나님의 율법이 지켜지지 않는 걸 그냥 보고 있을 수 없었다. 음란은 사람의 마음에서 나오는 악한 생각 중에 하나다. 순결은 재활용되지 않는다. 순결을 쓰레기 내버리듯 소중히 여기지 않는 사람을, 하나님이 정하신 결혼 제도를 비웃는 사람으로 생각한다. 아니, 하나님을 제대로 믿지 않는 거라고 믿는다. 친구들은 내가 고리타분한 놈이라고 말하지만, 그 말이 싫지 않다.

'진정으로 소중한 것을 지키는 것은 고리타분하지 않다. 아름다운 일이지.' 나는 내가 지키려는 것이 소중하다고 믿었다.

예배가 끝난 후 동우는 이 목사에게 서둘러 다가갔다. 이번 주만 그런 게 아니다. 궁금한 게 있으면 못 참는 성격이다. 이 목사는 당연하다는 듯이 동우를 맞았다. 나는 동우가 무슨 말을 할까 궁금해서 그 옆에 섰다.

"목사님, 하나님은 우리가 의롭다고 칭하셨잖아요. 그런데 우리는 계속 죄를 짓고 있어요. 그러고도 하나님께 회개하기만 하면 그만인가요? 그렇다면, 어떠한 죄를 지어도 상관없는 거 아닌가요? 구원파들도 그러던데요. 구원받고 나서는 어떤 죄도 용서받는다고 말이죠. 그러면 우리는 이단과 뭐가 다른 거죠?"

동우는 이 목사에게 따지듯 물었다. 이 목사는 진지하게 귀를 기울이다가 입을 열었다.

"야, 말이 너무 심하다. 이단과 똑같다니…. 우리 스스로 의인이 될 수 없지. 그러니까 우리한테 예수님이 필요한 거잖아. 하나님께서 만족할 만한 수준의 의를 100퍼센트라고 한다면, 예수님의 의가 100퍼센트 필요한 거야. 의인은 없나니 하나도 없다고 로마서에 나오잖아? 우리의 의는 구원받는 데 하나도 도움이 안 돼. 우리의 죄가 작든 크든 상관없지. 우리는 죄인이지만 예수님의 의에 기대어 하나님께 나아갈 수 있는 거야."

동우는 고개를 갸우뚱하면서 이 목사의 말을 막았다.

"죄송한데요. 그런 얘기는 너무 많이 들었어요. 신앙생활에 전혀 도움이 안 돼요. 성화의 과정이라는 게 계속 죄짓고 회개하는 과정일 뿐인가요?"

"성령님이 네 마음속에 있다면, 점점 죄에서 멀어지게 하실 거야. 어떻게 죄를 짓지 않을까 생각하지 않고, 하나님의 뜻 안에서 기쁨과 자유를 누리게 되겠지. 물고기는 물속에서만 살아야 하잖아? 그렇지만 물속에 있다고 해서 자유를 누리지 못하는 건 아니야."

"글쎄, 확실하게 이해가 안 돼요."

이 목사는 동우의 등을 다독이면서 미소를 지었다.

"금방 끝날 이야기는 아닌 것 같은데? 다음에 더 이야기하자. 지금 회의가 있어서 가봐야 하니까. 다음 주에 보자."

이 목사는 급히 자리를 떴고, 동우는 아쉬운 표정을 지었다. 무엇 때문에 저렇게까지 할까? 동우는 요한과 수정을 힐끗 쳐다보고 급히 고개를 돌렸다. 나는 그 눈빛을 놓치지 않았다. 내가 궁금했던 것에 관해 동우도 궁금했던 거다. 요한이 옆으로 다가왔다. 못마땅한 표정으로 동우에게 물었다.

"너는 뭐가 그렇게 궁금한 거야? 목사님 바쁘신데 매주 그러네."

"왜? 그러면 안 돼? 난 궁금한 게 많은데. 베뢰아 교인들도 간절한 마음으로 말씀을 받고, 진짜 그런지 날마다 성경을 상고했다고 하잖아."

"누가 안 그렇데? 너는 태도가 문제야. 목사님 말씀이 잘못된 것처럼 말하잖아. 불경스러운 태도가 거슬려."

"목사님께 '왜?'라고 묻는 건 불경스러운 일이 아니야. 하나님께도 그렇고. 믿음이 없거나 부족하다고 말할 수도 없는 거야. 그런데 교회에서 '왜'라고 물으면 믿음이 없다고 책망받기 일쑤지. 건드리면 안 되는 고대 보물에 관해 묻고 다니는 탐험

가가 된 느낌이거든. 묻는 곳마다 날 죽이려고 난리니 말이야. 목사님 말씀에 '왜?'라고 묻고 싶어. 내 생각은 다르다고. 다른 게 죄는 아니잖아. 내 생각이 틀렸다면 왜 그런지 알고 싶은데 덮어놓고 믿으라니, 답답해 죽겠어. 난 목사님께 반항하거나 반대하고 싶은 마음이 하나도 없는데, 요샌 신앙생활이 쉽지도 않고 즐겁지도 않아. 어떻게 해야 좋은지 모르겠어."

"그만, 그만. 동우 너도 신앙생활을 좀 하면 알게 될 거야. 아직 몇 달 안 돼서 그래. 그만 가자."

내가 동우의 팔을 끌었다.

"신앙생활 오래 한 사람들은 지독한 편견에 휩싸여 있는 거 같아. 그러니까…."

"아이고, 좀 그만해라. 우리 피시방이나 가자, 내가 쏠게. 얼른 가자."

내가 동우를 끌고 나갔고, 요한은 우리가 시야에서 보이지 않을 때까지 눈으로 좇는 듯했다.

나는 그렇게 주일에 있었던 일들을 하나하나 복기했다. 핸드폰을 들었다. 요한과 수정의 사건을 정확히 듣고 싶어서, 알 만한 애가 있는지 주소록을 뒤졌다. 몇몇 아이들과 통화를 했지만, 그들도 아는 게 비슷했다. 화장실에서 그 이야기를 했던 영선이와 보람이는 전화를 받지 않았다. 나는 멍하니 화면을 보다가 습관적으로 페이스북을 열었다. 여기저기 보다 보면 시간 가는 줄 모른다. 시간을 너무 많이 빼앗긴다 싶어서 앱을 지워 보기도 했지만, 어쩔 수 없이 다시 깔아 쓰고 있다. 때로는 자극적이고 선정적인 자료가 올라오기도 한다. 나는 적극적으로 클릭해서 보지는 않지만, 자동 재생되는 영상을 멍하니 보기도 한다.

'그냥 나오니까 보는 거야.'

나는 아무도 묻지 않는데 속으로 변명을 만들어 놓는다. 죄 짓는다고 생각하지는 않지만, 마음속에 거리낌이 있는 것 같다. 죄의식 없이 나름대로 즐기려는 마음인 거겠지.

'또 빠져들었다.'

죄의식이 들지만, 그래도 나는 다른 애들보다는 도덕적으로 훌륭한 편이라 생각한다. 다른 애들의 평은 좋지 않다. 아무래도 청년들을 강하게 정죄하기 때문일 거다. 반면 요한은 다른 청년들의 죄에 대해서 너그러운 편이다. 그는 대담하게 행동하지만, 회개도 잘한다. 가끔 금요기도회 때 와서 눈물 펑펑 쏟고 기도하곤 한다. 지난주 금요일에도 그랬다.

"하나님, 그 자매가 저 때문에 상처받지 않게 해주세요. 제 욕망을 이겨 내기가 너무 어려워요. 차라리 아무도 없는 곳에 가서 살고 싶어요. 그러면 죄를 짓지 않고 살 것 같아요. 제발요. 하나님. 아니에요. 저는 혼자 살 수 없어요. 제가 사람들과 살면서도 죄를 짓지 않게 해주세요. 잘 모르겠어요. 제 마음도, 하나님 마음도…. 저는 어떻게 해야 하나요? 대답해 주세요. 하나님."

나는 금요기도회 때 요한의 뒷자리에 앉았다. 그날은 그냥 앞에서 예배를 드리고 싶었다. 요한은 찬양을 열정적으로 하고 있었기 때문에 내가 뒤에 앉는지도 몰랐을 거다. 그런 그가 통성 기도를 시작한 지 얼마 되지 않아서 큰소리로 부르짖었다. 음악 소리가 컸지만, 내게는 또렷이 들렸다. 화장실에서 들었던 이야기와 요한의 기도를 종합해 볼 때, '그 자매'는 '수정'일 가능성이 컸다.

'진짜였나? 진짜 뭔 일이 있었던 걸까?'

내 머릿속이 복잡해졌다. 요한에게는 이상하게 주위에 자매들이 많다. 찬양팀 리더라는 위치가 그를 빛나게 만드는 것 같다. 물론 잘생겼고 누구에게나 친절한 것도 호감을 주었을 것 같다. 그런데 조금 이상하다 생각되는 것은, 요한이 특별히 관심을 주는 자매가 없다는 것이다. 형제들하고는 많이 놀고 영화도 보지만, 자매들과의 데이트는 거의 없었다고 해도 거짓이 아니다. 아무튼 자매들은 짝사랑만 하다가 떨어져 나갔다. 찬양팀원 중에 그렇지 않은 자매가 있을까 의심스럽다.

나는 문득 당사자에게 묻는 게 가장 좋겠다는 생각이 들었다. 수정이 만나줄지 모르겠지만, 나는 일단 전화해 보기로 했다. 무뚝뚝하게 가는 신호음에 내 가슴이 괜히 뛰었다. 나는 수정에게 아직 미련이 남아 있었다. 수정이 시치미 떼듯 아무 일 없었다고, 깨끗하다고 말해 주었으면 했다.

"어, 오빠."

"수정아, 잘 지내니?"

"그냥 뭐. 왜?"

"좀 만날래? 만나서 얘기했으면 좋겠는데…."

"무슨 얘기? 나 바빠."

"중요한 얘기야. 꼭 만나야 해."

나는 전화를 끊고 나서, 갑자기 머리가 띵해졌다.

'뭐라고 해야 하는 거지? 그날 무슨 일이 있었냐고 단도직입적으로 물어야 하나?'

감이 오지 않았다.

'요한이가 너를 어떻게 쳐다봤니? 음흉한 눈빛 아니었어? 너는 기분이 어땠는데? 수치심 같은 거 들지 않았어? 이런 식으로 물어야 하나?'

수정에게 수치심을 갖게 하지 않으면서도 사건의 진실에 접근할 수 있는 질문이 떠오르지 않았다.

'괜히 전화했나? 딴 애한테 물어볼 걸. 내가 바보지.'

나는 머리를 손톱으로 긁어 댔다. 스스로가 마음에 들지 않을 때 하는 행동이다.

'진상이 정확해야 목사님한테 말할 수 있을 텐데.'

나는 자꾸 문제를 일으키는 요한이 회개하고 다시는 죄짓지 않기를 바랐다. 아니, 진심은 요한의 처벌이었다. 죄인이 벌을 받고 교회가 더 정결해지기를 원했다. 그것이 하나님의 뜻이라 생각했다. 더 깊은 속내에서는 아무 일 없었기를 바랐다. 그래야 내가 수정과 사귈 수 있을 테니까. 나의 순결에 걸맞게 수정도 그랬으면 싶었다. 나는 간절한 마음으로 두 손을 모았다.

나는 카페 앞에서 수정을 기다렸다. 무표정한 얼굴로 나에게 인사를 건넨 수정은 먼저 문을 밀고 카페로 들어갔다. 우리는 안쪽에 자리 잡았다. 아이스 아메리카노 두 잔과 생크림 조각 케이크를 앞에 두고 앉았다. 나는 하려던 말을 꺼내지 못하고 딴소리만 했다.

"그런 얘기 하려고 만나잔 건 아니지? 요한 오빠 이야기야?"

"어…. 그게 말이야. 어떻게 말을 꺼내야 할지 몰라서."

"아무 일도 없었어. 근데 오빠하고 그 얘기 하고 싶지는 않네."

"야, 너, 소문 못 들었어? 네가 요한이한테 당했다고 벌써 소문이 쫙 났어."

"아, 진짜! 솔직히 자존심 상해서 말 안 하려고 했는데, 요한 오빠는 나한테 일도 관심이 없어. 나를 싫어하지는 않지만,

사귀고 싶지 않다고, 아니 교회 안의 어떤 자매하고도 사귀지 않을 거라고 그러더라."

"그래? 요한이가 여자들한테 관심이 없긴 하지. 그래도 그때 방송실에서…."

"내가 오빠니까 솔직히 말할게. 어디 가서 말하지 마. 내가 막 들이대는데도, 오빠는 끄떡도 안 하더라고. 근데 도대체 어떤 애들이 이상한 소문을 퍼뜨리고 다니는 거야? 아유, 짜증나."

나는 입을 다물고 수정을 쳐다보았다. 내가 기도한 대로 아무것도 아니라는데, 왜 이리 불편한 감정이 드는지. 나는 커피를 벌컥벌컥 마셨다. 뒷맛이 굉장히 썼다. 위장으로 내려가는 커피가 속을 긁어 댔다. 수정은 유리컵을 잡고 멍하니 보고 있었다. 하얗게 맺혀 있던 물방울이 수정의 손가락을 타고 내려와 탁자 위에 떨어졌다. 수정이 손을 털면서 말했다.

"그래도 나 포기하지 않을 거야. 오빠도 응원해 주라."

"뭐? 어. 그래."

그때 갑자기 내 전화벨이 울렸다. 요한이었다. 나는 전화기를 들고 일어나 창가로 걸어가며 전화를 받았다.

"어, 요한아. … 그냥 전화했어. 만날까 했었는데, 됐다. 시간 없으면 다음에 보지, 뭐. … 그래, 알았어. 끊어."

나는 수정에게 들리지 않게 조용히 말했고, 수정은 자리에서 궁금한 표정으로 나를 쳐다보았다. 수정과 요한, 양자 대면을 시켜서 제대로 한 번 물어보려고 했는데, 그러지 않아도 될 거 같았다. 진짜 문제는 수정이가 나한테 별 관심이 없는 것이었고, 그러니 둘 사이에 별일 없었다는 것도 나에게 위로가 되지 않았다. 사귀려고 마음먹은 건 나만의 상상이었다. 통화를 하고 와서 긴장감이 떨어졌는지 나도 모르게 헛소리가 나왔다. 양심의 고백인 건가?

"나는 그런 줄도 모르고, 여기저기 묻고 다녔네."

수정이 어이없다는 표정으로 날 물끄러미 쳐다봤다. 만약에 좀비가 쫓아온다면 저런 표정을 지을까? 순간 심장이 멈추려는 듯 바짝바짝 쫄깃해졌다.

"뭐? 대체 뭐가 알고 싶어서? 인간들이 정말… 징글징글하다. 방금 한 얘기는 누구한테 할 건데? 어? 그러기만 해 봐, 아주!"

"미안…."

내 목소리는 마른 언덕을 넘어가는 바람처럼 건조했다. 하지 말아야 할 일을 한 것 같아서일까? 수정은 눈을 흘기며 씩씩거리고 있었다.

"사랑하는 사람에게 마음 주고 몸 주는 게 뭐 잘못됐어? 아니다. 네가 뭘 알겠냐? 범생이 같은 게. 순결한 척, 정의로운 척 혼자 다 하면서…. 하나님은 사랑하라고 그랬다. 사랑이 뭔지도 모르는 게. 앞으로 교회에서 아는 척하지 마라. 제발 나한테서 신경 끄라고!"

"그래도 교회 다니면서 그러면 안 되지. 결혼 전까지 순결하게 지내야 하는 거 아니야? 내 말이 틀린 거 아니잖아? 마음은 줘. 몸은 결혼 후에 줘도 늦지 않아. 그게 오히려 더 사랑받는 길인 거야. 뭘 알지도 못하면서."

"됐어. 그만해. 오빠는 무슨 조선 말기 사람이냐? 상투는 어디 있냐?"

수정이 내 정수리를 보려는 듯 일어났다. 나는 손으로 수정을 말리며 앉혔다.

"장난 아니야. 너 그래서 천국 갈 수 있겠어?"

"협박하냐? 아주 우리 부모님하고 똑같다. 다른 죄들은 다 짓고 다니면서 왜 나한테만 그래? 어디 떳떳한 사람 있으면 나와 보라고 해!"

"하아. 너 정말 대책 없다. 그렇게 사는 건 하나님이 기뻐하시지 않아."

"오빠가 어떻게 알아? 하나님의 뜻을 오빠가 다 알 수 있어? 만약 그렇다면 그분을 하나님이라 부를 수 있을까? 잘 생각해 보라고, 헛똑똑이!"

수정은 자리를 박차고 일어나서 나가 버렸다. 나는 눈을 껌벅이며 수정의 뒷모습을 바라봤다. 카페의 큰 창으로 수정이가 보였다. 수정은 핸드폰을 꺼내 전화를 걸더니, 갑자기 밝은 표정이 되어 걷기 시작했다. 자리에 혼자 남은 나는 머쓱했다. 사람들이 다 나를 쳐다보는 것 같았다. 나는 내 잘못도 아닌데 모르는 사람들에게 비난의 눈초리를 받는 것이 억울했다. 수정이가 이렇게 나올 줄 몰랐다. 그래서 사람은 겪어 봐야 한다고 하나 보다. 수정이 이런 애인 줄 알았다면 절대 좋아하지 않았을 거다. 뭔가 시원한 느낌이 들기도 했다. 수정의 진짜 모습을 보았으니까. 나는 마음속 '연애 대상 목록'에서 수정의 이름에 줄을 쫙쫙 그었다. 그리고 당연한 순서로 어떻게 이 사실을 목사님께 알릴 것인지 고민했다. 적절한 시기에 자연스럽게 이야기를 꺼낼 생각이었다. 갑자기 동우가 생각났다. 동우는 늘 목사님께 질문을 하니까 그때 옆에 있다가 말씀을 드리는 게 좋겠다는 생각이 번뜩였다.

'자연스럽게 돌을 들어 칠 수 있는 동료들을 만드는 거야.'

예수님을 따르는 신도를 잡으러 다녔던 바울의 눈빛이 이렇지 않았을까 하는 생각이 스쳤지만, 곧 사라졌다. 나는 동우를 만나 이 사실을 전하고, 도움을 요청하려는 생각에 짧은 미소를 지었다.

해 질 녘 동우와 나는 한강 둔치에 앉아 있었다. 강물은 흐르는 듯 멈춘 듯 바다를 향해 서서히 움직였다. 석양의 빨간 빛이 강물에 반사되어 반짝였다. 유람선이 강의 등줄기를 타고 오르내렸다. 하얀 물거품이 일어났다가 서서히 사그라들었다. 나는 목이 말랐다. 일어서면서 동우에게 뭐 필요한 거 있느냐고 물었다. 동우는 고개를 저었다. 편의점을 향해 몸을 돌리던 나는 힘없이 지나가는 수정을 보았다. 수정의 얼굴엔 눈물 자국이 진하게 남아 있었다. 섣불리 다가갈 수 없었다. 나는 강을 보고 있던 동우의 엉덩이를 발로 건드렸다. 동우도 수정을 보았다. 우리는 천천히 수정을 따라갔다. 수정은 멀리 가지 않고 자리를 잡았다. 치마를 입었지만, 바닥에 풀썩 주저앉았다. 잠시 강물을 보는 것 같더니 손수건으로 연신 눈물을 찍어 내었다. 수정은 다리 사이에 고개를 박고 한동안 가만히 있었다. 나와 동우는 수정의 양옆으로 가서 가만히 쪼그려 앉았다. 수정이 갑자기 고개를 들더니 우리를 보고 깜짝 놀라 일어서려고 했다. 하마터면 강물로 떨어질 뻔한 수정을 동우가 잘 잡아챘다.

수정의 말을 요약하면 이랬다. 수정은 요한의 집에서 오는 길이었다. 그녀는 아까 카페에서 나간 후 요한에게 전화를 했는데, 요한이 자기 집으로 오라고 했다. 수정은 '그린라이트'로 오해했다. 한달음에 요한의 집으로 달려갔다. 이미 누군가 와 있었는데, 수정은 모르는 남자였다. 둘은 소파에서 영화를 보고 있었고, 거실 탁자에는 과자 부스러기가 널려 있었다. 맥주 캔과 함께…. 수정은 어색하게 거실로 들어갔는데, 요한과 그

남자애 사이에 묘한 분위기가 느껴졌다. 요한은 안절부절못하는 수정이 보는 걸 즐기는 듯했다. 요한이 말했다.

"수정아! 내가 여자는 안 좋아한다고 몇 번을 말해야 믿을래?"

요한과 그 남자애는 마주 보면서 웃었다. 수정은 소름이 쫙 끼쳤다.

"여자를 좋아했어도 너 같은 건 안 좋아했을 거야."

요한은 아무렇지도 않게 이 말을 했고, 수정은 얼굴이 빨개져서 도망치듯 요한의 집을 나왔다. 그녀는 멍한 채로 큰길을 건너 한강 공원으로 들어섰다. 강물이 보여서 둔치까지 곧장 걸어갔다. 그대로 물속으로 빠지고 싶은 충동이 일었지만, 그래서는 안 된다는 생각도 들었다. 이성과 감성이 마치 천사와 악마가 싸우듯 다투었다. 수정은 혼란스러운 가운데 강변을 부유했다. 다리 젓기를 멈춘 오리처럼…. 그러다 우리를 만난 거다.

"요한이가 그럴 줄 몰랐네. 그런 자식이 어떻게 찬양팀 리더를 하고 있지?"

동우가 이해할 수 없다는 듯이 한숨을 쉬며 말했다.

"네가 교회 나온 지 얼마 안 되어서 그래. 교회 다니는 사람들이 다 착하고, 천사 같은 줄 알았어?"

나는 연신 욕을 해댔다. 수정은 말없이 훌쩍였다. 그러다가 그녀는 갑자기 북받쳤는지 소리를 내어 울기 시작했다. 산책하던 사람들이 힐끔 쳐다보았다.

"아까 강물로 떨어지게 놔두지. 죽어 버리게."

"야, 그런 소리 하지 마. 그깟 일로 죽으면 안 되지."

"오빠들은 몰라, 내 맘 몰라."

내가 돌을 하나 집어서 강물에 던졌다. 안쓰러운 표정으로 수정을 바라보며 말했다.

"그러니까 내가 그 자식, 나쁜 놈이라고 했잖아. 청년부 임원이라는 놈이 죄를 막 저질러. 더럽고 천박한 자식. 하긴 그 놈 욕할 것도 없다. 기독교인 중에 율법을 제대로 지키는 사람이 얼마나 되겠어? 그러니 교회의 미래가 암울할 수밖에⋯."

"율법을 완벽하게 지키는 사람이 있다면 예수님은 필요 없었을 거야. 그러니까 죄를 짓는 것에 대해 그렇게까지 말하는 건 아닌 것 같은데."

동우가 수정을 보면서 진지하게 말했고, 나는 열받아서 큰소리로 떠들어 댔다. 나는 수정이 딴생각을 하도록 일부러 엉뚱한 주제를 끌어와 과장되게 말했다.

"난 사실을 말했을 뿐이야. 너, 아담과 하와에 대해 진지하게 생각해 본 적 있어? 인간은 선악과를 먹었는데도 왜 그럴까? 이해가 안 돼. 아담과 하와가 먹은 게 선악과라면 선악을 분별하고 행동해야 하는 거 아닌가? 그런데 그들은 점점 하나님과 멀어졌어. 하나님은 분명 그들이 회개하고 돌아오기를 바랐을 텐데 말이야. 아담과 하와의 자손인 요즘 사람들도 선악을 제대로 분별하지 못하는 걸 보면, 그들이 먹은 게 도대체 뭔지 궁금해져. 아마 자기 죄를 먹은 걸 거야. 나무에 달려 있을 땐 선악과였는지 몰라도, 아담과 하와가 먹고 소화할 땐 추악한 죄악 덩어리였겠지. 하나님과 같아지고자 했던 자들은 '자기 기준의 선악'이라는 천박한 기준밖에 얻을 수 없었던 거야. 그 기준을 가지고 서로 비난하고 비판하고 정죄하는 존재로 격이 떨어진 거지. 그래서 나는 그들이 원망스러워. 만약 그들이 하나님의 통치 가운데 살았다면 우리의 삶은 어떻게 되었을지 상상해 봤어? 이런 갈등 없이 맘 편하게 살았을 거야. 죄도 짓지 않고 에덴동산에서 살았을 텐데….''

"진지충들. 에휴, 진짜 답이 없다."

수정은 한숨과 조롱을 섞어 말했다. 그녀는 우리의 말을 듣는 둥 마는 둥 강물을 물끄러미 내려다봤다. 동우는 내 말에 대한 자기의 생각을 담담하게 말했다.

"아담과 하와가 죄를 짓지 않았다면 우리도 죄를 저지르지 않았을 것이고, 그렇다면 예수님도 필요 없다는 논리네. 하지만 아담과 하와가 아니더라도 인간은 죄를 지었을 거야, 안 그래? 너의 말대로라면 인간에게 구원자가 필요 없지."

"그렇게 되나? 아무튼 기독교인은 율법을 철저히 지키고 정결해야 한다고 생각해. 죄인들은 용서하면 안 돼. 용서받으면 감사하면서 죄짓지 말아야 하는데, 인간은 안 그래. 요한이도 정신 번쩍 들도록 징계를 받아야지. 다음 주일에 목사님께 요한이 일을 말씀드릴까 하는데, 동우 네가 좀 도와줘야겠어. 네가 회개와 징계에 관한 걸 물어보면 어떨까? 그때 내가….”

수정은 화가 난 듯, 달려들 듯이 나에게 말했다.

“그만둬. 오빠 정말 왜 그래? 그렇게 말하면 나도 죄인이야. 나도 정신 번쩍 들게 벌 받으면 좋겠지? 내가 차라리 죽으면 좋겠지?”

동우는 난감한 표정을 짓다가 나에게 말했다.

“난 너를 도와주지 않을 거야. 하나님은 사랑의 하나님이셔. 물론 공의 없이 사랑만 있어서는 안 되겠지만, 사랑 없는 공의는 전혀 하나님의 뜻이 아니라고 생각해.”

“징계한다고 사랑하지 않는 건 아니야. 부모도 자식들 사랑하지만 때로는 벌 줘야 할 때가 있는 것처럼, 하나님도 그렇다고 생각해.”

“수호야. 하나님의 징계는 그 자체가 목적이 아니야. 사랑이 중요한 거지.”

“나도 알아. 사랑하니까 징계하는 거라고.”

“너, 요한이 사랑하니? 수정이 사랑해? 정말 사랑하는 마음이 있어서 얘네가 징계받기를 바라는 거냐고?”

"사랑해, 사랑한다고. 주님 안에서 사랑해."

그 말에 수정이가 나를 찬찬히 바라봤다. 그녀는 내 말을 믿을 수 없다는 눈빛과 함께 한없이 처량한 표정을 지었다.

"수호야. 네 마음을 잘 들여다봤으면 좋겠어. 난 솔직히 사랑한다고 자신 있게 말 못 하겠어. 나는 나 자신을 제일 사랑하는 거 같거든. 하나님보다 나를 더 사랑해. 그리고 내 안에 얼마나 많은 추악한 것이 있는지 알아. 그래서 너처럼 쉽게 징계에 관한 이야기를 할 수 없는 거야. 수정아! 너도 한번 잘 들어 봐. 저기 한강 보이지? 난 강물을 좋아해. 왜 좋아하는지 알아? 언젠가 유튜브에서 도시 한가운데 있는 개천을 막고 바닥을 청소하는 걸 본 적이 있어. '사람들이 강물 속에 별걸 다 버렸구나. 별 희한한 걸 다 잃어버렸구나' 하면서 말이야. 강물이 그 더럽고 자질구레한 것들을 속에 품고 있지만, 겉으로는 유유히 흐르는 게 좋아 보이더라. 햇빛을 받아 빛나는 저 표면을 봐봐. 강물 내부는 더럽지만, 표면은 아름답게 빛날 수 있는 건 햇빛 때문이지. 난 그게 하나님 은혜라고 생각해. 나는 내 속에 온갖 더러운 죄들을 품고도 착한 사람인 양 할 수 있어서 좋은 거야. 예수님을 믿으니까 가능한 일이지. 내 마음속에 있는 것들이 그대로 다 드러난다면 난 이 세상에서 살기 힘들 거야. 강물이 좋아. 죄 많은 나랑 똑같은 거 같아서. 그런 게 인생 아닐까 싶어. 강물처럼 장해물들과 큰 바위를 만나고 낭떠러지를 만나 수없이 부서지지만, 그 부서짐을 끌어안고 가는 게 인생인 거지. 내가 몇 번이나 자살하고 싶은 마음이 들다가도 돌이켰던 건 그런 생각에서였어. 그러니까 수정이 너도 죽지 말고 살아. 끝까지 살라고. 인생은 깨끗한 물만 솟아나는 약수터가 아니란 말이야. 난 속으로 흙탕물이 가득하지만 결국 바다로 가는 강물처럼 하나님께로 갈 거야. 죄 많은 사람이지만 허락하신 삶을 살아 낼 거야. 그렇게만 된다면 족해. 위대한 일, 훌륭한 일 하지 못해도…. 그런 능력도 없지만, 그래도 괜찮아. 난 강물처럼 흐를 거야. 너네도 그렇게 흘러 바다에서 만나길 바라."

"동우, 너 참, 말 어렵게 한다. 그러니까 결론적으로 목사님한테 말하지 말자는 거냐?"

"그래. 좀 기다려 보자. 기도하면서…."

"뭘 기다려? 또 누군가 당하기를 기다려? 얘 좀 봐봐. 또 불쌍한 애, 죽고 싶은 애가 생기길 바라는 거냐고? 그리고 너 그렇게 말하지 마. 나는 뭐 기도도 안 하는지 아냐? 자기만 거룩한 척이야. 재수 없게."

"네가 말을 하든 안 하든 그건 자유지만, 나까지 끌어들이지는 마라."

"알았어, 알았다고. 나 혼자 할 거다."

나는 자리에서 일어나 바지를 팡팡 털었다. 흙먼지가 수정과 동우에게 풀풀 날렸다. 동우가 째려보자 나는 딴청을 부렸다. 수정은 어스름 짙어 가는 강물을 바라보고 있었다. 지금 수정에게 필요한 건 사랑이지 설교가 아닐 거다. 자기를 인정해 주고 사랑해 주는 누군가가 절실히 필요하겠지. 그때 동우가 수정에게 손을 내밀었다. 그는 미소를 지으며 그녀를 일으켜 세웠다.

"일어나. 함께 가자."

수정은 얼떨결에 일어났고, 동우는 어색한지 수정의 손을 놓았다. 수정이 동우를 빤히 바라보다가 동우의 손을 잡았다.

집으로 돌아온 나는 마음이 진정되지 않았다. 내 생각에는 당연한 일인데, 동우가 반대했고 불쌍한 수정이도 마음에 걸렸다. 일단 돌은 들었는데, 같이 칠 사람도 필요한데, 더는 없겠다는 생각도 들었다. 문득 죄 없는 자가 먼저 돌로 치라는 예수님의 말씀이 마음에 떠올랐다.

'삐익!'

마치 경고음이 울리는 것처럼. 나는 바울과 예수님 사이를 왔다 갔다 하고 있다. 내가 먼저 돌로 칠 수 있는 자격이 있는지 점검해야 했다. 차라리 아무 관계가 없는 사람이라면 결정을 내리기가 쉬웠을 텐데⋯. 나는 1분이라는 짧은 시간에도 몇 번이나 마음이 바뀌었다. 돌을 내려놓고 집으로 돌아가는 사람들의 모습이 자꾸 눈앞에 아른거렸다. 가상현실처럼⋯.

박제민

그림책과 가정연구소 라브리그림책 독서모임을 진행하고 있으며,
마음나눔 홈스쿨과 나눔교회를 섬기고 있다.
instagram@p.word74
blog.naver.com/jeminiwing

2

———

수필

어디로 가야 할지 모르는
그곳에서

남기솔

몽 루와얄(Mont-Royal)에 서서

저는 몽 루와얄에 서 있습니다. 사람들은 보통 이곳을 몬트리올이라고 합니다. 몬트리올의 불어식 표현이 몽 루와얄입니다. 저처럼 잘 몰랐던 분들은 '캐나다에서 왜 불어식 표현을 쓰느냐?'고 물을 것입니다. 몬트리올이 속한 캐나다 퀘벡주는 영국군이 들어오기 전까지는 약 150년간 프랑스령이었습니다. 이후 영국이 통치하게 되면서 결국엔 캐나다의 한 부분이 되었지만, 북미의 파리라고 불릴 정도로 여전히 프랑스 문화를 가지고 있습니다.

저는 한 번도 몬트리올에 살 거라고 생각해 본 적이 없습니다. 어린 시절 즐겼던 보드게임에서 나오는 도시라 이름이 친숙했을 뿐, 이곳으로 떠나오면서도 불어권이라는 것을 알지 못했을 정도입니다.

그렇다고 어느 곳에 반드시 있어야겠다고 버틴 것도 아닙니다. 조류에 따라 흘러가는 것과 조류를 거슬러 뛰어넘어 가는 것 사이에서 어디로 가야 할지 몰라서 잠시 망설이고 있었을 뿐입니다.

갈망하지 않았지만 어느새 저는 이곳, 몽 루와얄 언덕에 서 있습니다. 가만히 서서 흘러가는 노래에 흥을 내고 흩날리는 바람에 마음을 맡기고 있습니다. 그런데 어쩐지 마음 한구석 자꾸만 불편한 마음이 듭니다. 이해되지 않는 불어가 마치 소음처럼 느껴지고, 아는 이 하나 없는 곳에서 침대가 없어 땅바닥에 붙어 잠을 자는 것이 마치 이방인이 돼버린 것 같기 때문입니다. 모두가 자기의 목적지를 향해 힘차게 내달리는 가운데서 나만 어디로 가야 할지 몰라 헤매는 것 같은 소외감 탓에 어느 무리와도 일치를 이루지 못하고 낯선 거리에 홀로 서 있습니다. 낭만이라고 하기에는 깊숙한 현실이 차갑고, 새로운 도전이라고 하기에는 무언가 해내야 할 것 같은 중압감이 듭니다.

그래서 새벽 미명이 되면 잠시 깨서 눈을 감고, 무릎을 꿇은

후 스쳐 가는 모든 것을 일단 잡히는 대로 휘저었습니다. 마치 광야에서 하나님의 흔적을 찾아 헤매는 고독한 나그네처럼 말입니다. 현실인지 꿈인지 분간되지 않는 잠깐의 시간을 지나고 나면 무감각해진 인간에게 주는 하나님의 선물처럼 창문 너머로 영롱한 빛이 비쳐 오고, 얇은 연필로 스케치 된 실선 안에 한가득 물감이 칠해지는 충만함으로 하루를 겨우 살아 냈습니다. 낯선 땅, 이방인으로 살아가면서 이해되지 않는 말씀 때문에 밤새워 뒤척이다가 밝아오는 빛에 잠시 위로를 얻어야 했던 믿음의 선배들 마음을 조금은 알 것 같습니다.

어디로 가야 할지 모르는 그곳에 서 있던 한 사람

어디로 가야 할지 모르는 그곳에 서 있던 한 사람이 있습니다. 큰 무리의 아버지, 아브라함입니다. 그가 처음 부르심을 받았을 때 어디로 가는지 알지 못했음에도 내디딘 발을 히브리서에서는 '순종'이라 했고 '믿음'이라고 평가합니다. 언뜻 보면 마음을 뜨겁게 하는 감상적인 말씀이지만, 그의 삶을 잠시만 들여다보아도 그의 믿음은 영화에 나올 만한 엄청난 능력으로 모든 것을 단숨에 해치우고 승리해 내는 영웅성이라기보다는, 흐릿한 길을 더듬어 가면서 두려움에 웅크려 있는 우리 보통 사람의 믿음과 다를 것이 없다는 것을 금세 알게 됩니다. 예를 들어, 그가 자기 아내를 누이라고 속이며 비겁하게 목숨을 유지하고자 했을 때를 보면, 보는 사람조차 낯이 부끄러워 숨어버리고 싶기 때문입니다.

그런데도 아브라함은 마침내 '하나님의 섭리'라고 순응할 수밖에 없는 곳에 서 있곤 했습니다. 어디로 가야 할지 모르는 그곳에서 하나님이 어떻게 하시는지를 바라보았습니다. 첨첨(添添) 쌓여 있는 무기력에도 하나님이 말씀하신 방향을 향해 가까스로 발을 내디뎠습니다. 막연한 인생 가운데 믿음으로 승리한다는 것은 김기석 목사님의 말처럼, "넘어지지 않는 것이 아니라 넘어진 자리를 딛고 일어서는 것, 별별 추한 꼴을 다 보면서도 자기가 택한 길을 끝까지 걸어가는 것"일지도 모릅니다.

불편함과 낯섦 한가운데 있는 인간의 분한함은 타자들에게 그 인생을 함부로 판단할 수 있게 하는 가장 하찮은 모습일지 모릅니다. "굳이 그 방향이 아니어도 상관없지 않겠냐?"는 무책임한 회유와 함께 말입니다. 그러나 믿는 자는 막연한 길을 조금씩 짙게 만들어 가면서 오묘한 기대를 줍니다. 살짝 건드리기만 해도 눈물이 터질 것 같은 연약함에도 그 길을 힘 있게 만드는 철리(哲理) 같다고 할 수 있습니다. 확실히 무어라 말할 수 없지만 은근한 기대로 관망하게 하는 매력이 있습니다.

이는 삶의 모습을 획일화하고 정량화하려는 거대한 요구를 끊어 낼 거름이 되어서 우물에 갇힌 시야를 해방해 주곤 합니다. 마치 독재 국가처럼 한 방향을 향해 일제히 바라보지 않으면 불순한 의도를 지닌 사람으로 낙인찍기도 하고, 자신의 이해나 의지와는 전혀 상관없이 끌어가려고 하는 사회 속에서 다른 차원이 있다는 것을 보여 주기 때문입니다. 이어령 선생님은 "인간의 지혜가 아무리 뛰어나도, 죽을힘을 다해 노력해도 어찌할 수 없는 저편의 something great이 있다는 것을 받아들여야 한다."라고 했습니다. 아브라함이 들었던 부르심은 성공을 탐닉하게 하는 욕구 자극이 아니라 저편에 'something great'이 있다는 것을 알려 주고, 도저히 뚫어 낼 수 없으리라 생각한 이 세상 차원의 유리를 깨버릴 수 있는 믿을 만한 약속이었던 것입니다.

약속의 땅을 딛고

가나안. 아브라함이 약속의 땅으로 부르심을 받았던 곳입니다. 그는 긴 여정 후 마침내 그 땅에 서게 되었습니다. 그러나 여전히 그는 어떻게 해야 할지, 무엇을 해야 할지 명확히 알지 못했습니다. 그렇습니다. 그는 울타리 경계선을 넘어가면 안 되는 어떠한 땅의 부르심을 받은 것이 아니었던 것입니다. 그의 부르심은 땅의 것이 아니라 하늘의 것이었습니다. 바벨론

포로가 되기 전 이스라엘 백성들은 어디로 가야 할지 모르겠다며 소리를 질렀습니다. 그때 예레미야를 통한 하나님의 말씀은 이것입니다.

"그들이 너에게 '어디로 가야 하느냐?'하고 묻거든, 너는 그들에게 이렇게 대답하여라. 나 주가 말한다."

"어디를 가든지, 염병에 걸려 죽을 자는 염병에 걸려 죽고, 칼에 맞아 죽을 자는 칼에 맞아 죽고, 굶어 죽을 자는 굶어 죽고, 포로로 끌려갈 자는 포로로 끌려갈 것이다."

약속의 땅 위에 서 있다는 것 자체가 중요한 것이 아닙니다. 그러니, 땅에 경계를 그려서 성공과 실패를 극단적으로 정의하려는 편협함에서 벗어나야 합니다. 어느 땅에 서 있느냐 보냐 더 중요한 것은 '하나님과 함께하느냐, 그렇지 않으냐'입니다. 죽어서 가는 구름 위, 온갖 장식으로 빛나는 천국을 바라볼 것이 아니라 지금 딛고 있는 땅 위에서 '누구의 통치를 받고 있는가'를 점검해야 합니다.

예수님 승천 후, 그리스도인들은 임박한 종말을 준비하는 삶을 살았습니다. 곧 다시 오실 예수님을 맞이하려고 준비했습니다. 그러나 시간이 거듭할수록 지연된 종말에 지쳐 갔습니다. 그때, 발을 딛어야 하는 방향의 부르심을 듣게 되었습니다. 바로 온 열방을 향해 하나님의 부르심을 전하는 것이었습니다. 민족, 땅의 경계로 묶여 있던 한계를 풀어내고 역동적인 하나님 나라 운동을 시작한 것입니다.

애초에 인간은 하나님과 관계하지 않으면 살아갈 수 없는 존재로 창조되었습니다. 창세기에서 사람을 만드실 때 사용한 '흙'은 원어의 의미로 '티끌, 먼지'에 가깝습니다. 이는 다른 창조물을 말씀으로 창조하신 것과 상반됩니다. 이는 인간이 오직 하나님과의 관계로만 참 의미를 얻을 수 있는 존재임을 말해 줍니다. 완벽한 에덴동산에 있는 것이 복이 아니라, 하나님의 통치로 질서가 완벽하게 이뤄져 가는 에덴동산에 있는 것이 참 복이라는 것입니다.

하나님을 전적으로 신뢰하는 믿음은 인간에게 생기를 줍니다. 최초 인간이 만들어졌던 그 감격의 순간을 회복하게 합니다. 몸의 온 감각을 깨우고 숨을 크게 들이쉬며, 무뎌진 폐에 쌓인 먼지를 털어 내게 합니다. 파스칼은 '무한하고 불변하시는 하나님이 아니면 채울 수 없는 공허, 진공, 빈 공간이 우리 인간에게 있다.'라고 했습니다. 공허를 채우려 온갖 물질을 쑤셔 넣어 보지만 더 깊은 공허로 빠지는 그 공간을 하나님의 호흡, 그 영이 물질이 채우지 못하는 깊은 곳까지 충만하게 채워 주는 것입니다.

부르심과 함께 그의 이름은 아브람에서 아브라함으로 바뀌게 됩니다. 고대 근동에서 이름을 부르거나 바꾸는 것은 그 대상에 대한 통치 권한을 부여하는 것을 의미했습니다. 하나님은 그의 이름을 아브람(큰아버지)에서 아브라함(많은 무리의 아버지)으로 바꾸시며, 한 가문의 경계만을 위함이 아닌 그 너머의 확장을 요구하셨습니다. 아브라함 삶 전반에 어떠한 방향성으로 나아가야 하는지를 말씀해 주셨던 것입니다. 그것을 흔히 '사명'이라고 합니다. 이 사명이 그를 하나님을 가까이하도록 했습니다.

부르심의 자리, 어디로 가야 할지 모르는 그곳에서의 본질적인 방향성은 시리도록 이기적인 인간이 자신의 본성을 버리도록 합니다. 그리고 받은 사명, 부르심을 모든 이에게 전하도록 합니다. 이는 인간이 정해 놓은 경계의 울타리를 빼내고 하늘의 충만함을 땅으로까지 잡아당기도록 합니다. 그 뜻의 넉넉함이 땅의 경계선을 허물고 온 땅을 적십니다. 반드시 어디로 가야 하고, 어떠한 것이든 성취해야 한다는 강박을 내려놓게 하시고 이끌어 가시는 그곳에서 부르심을 알지 못하는 이들을 향한 관심을 두는 것, 그것이 지금 어디로 가야 할지 모르는 곳에서 해야 할 사명입니다.

믿음의 참 아름다움

방향이 정해졌다면 이제 행동할 때입니다. 어디선가 끓어오르는 마음에 무언가 하고 싶지만 무엇을 해야 할지 모를 수도 있습니다. 예술가이며 《예술가여 무엇이 두려운가》의 저자이기도 한 데이비드 베일즈는 한 가지 흥미로운 이야기를 알려 줍니다. 대학 교수가 학생들을 무작위로 두 그룹으로 만들어서 A그룹에는 '가장 많은 작품을 만들어라'라고 하고 B그룹에는 '가장 아름다운 작품을 만들어라'라고 했습니다. 그리고 나서 가져온 결과가 놀랍습니다. 가장 아름다운 작품이 나온 곳은 A그룹이었기 때문입니다. B그룹은 '어떻게 하면 가장 아름다운 작품을 만들까?' 고민하다가 완성하지 못했고, A그룹은 많은 작품을 만들다 보니 자연스럽게 완성도가 높은 작품을 만들어 낼 수 있었다는 것입니다. 이 이야기는 감리교 운동을 시작한 존 웨슬리(John Wesley)에게도 이어질 수 있습니다.

존 웨슬리가 믿음이 없는 상태로 '설교, 어떻게 설교를 할 수 있겠냐?'하고 고민하자 모라비안 교도였던 피터 뷜러는 '믿음이 생길 때까지 설교하라'라고 권면합니다. 이는 무책임하게 의미 없는 말을 내뱉으라는 것이 아니라 부족한 믿음을 통해 더욱 하나님을 의지할 수 있는 삶을 살 것을 권면한 것입니다. 나침반이 끊임없이 흔들릴 때 제 기능을 발휘하듯, 믿음의 여정을 걸어가는 데 따라오는 두려움은 그 방향이 바르게 되어 있음을 알려 주는 것일지 모릅니다.

믿음의 참 아름다움은 믿음을 사용하는 데 있습니다. 믿음의 아름다움은 완벽한 성취가 아니라 믿음으로 그 자리에서 있는 모습 그대로 사용하는 데 있습니다. 그리고 부족한 믿음이지만 사용하기로 결단하고 행했을 때 하나님이 어떻게 일하시는지 기대하며 기다리는 것입니다.

분별없이 조급하게 마구 휘두르는 것은 지양해야 하지만, 완벽을 추구하다가 아무것도 하지 못하고서 하염없이 기다리다가 작은 믿음도 잃어버리는 어리석음 또한 주의해야 할 것입니다. 긴 광산 통로 끝, 막장에 붙어 있는 원석은 끄집어내질 때 빛을 발하는 것처럼, 믿음은 행동할 때 비로소 진정한 의미를 발현하게 됩니다. 그래서 무모해 보이는 아브라함의 행동, 자기 아들을 제단 위에 묶는 어처구니없음에도 기어코 칼을 들고 자신을 내던질 때 하나님이 하시는 일을 볼 수 있었습니다.

과거와 미래를 여행하는 영화들이 많습니다. 이러한 영화들의 내용을 보면 대부분 과거와 미래를 성급히 바꾸려고 하다가 현재를 잃어버리고 오히려 좋지 않은 결과를 만들어 내곤 합니다. 그러니 우리도 과거의 부끄러움에 사로잡혀 앞으로 나아가지 못하거나 미래의 막막함에 발을 내딛지 못하고 서성이지 않게 되기를 간절히 빕니다. 이제는 찢어진 휘장을 딛고 서서 먼지로 가득한 옛 관습을 털어 버리고 나아갈 때가 되었습니다.

다시, 언덕에 서서

몽 루와얄(Mont-Royal)은 '왕의 산'이라는 뜻입니다. 그런데도 저는 이곳을 언덕이라고 부릅니다. 거대한 산이 되어 다른 이들을 머리 꼭대기에서 방관하고자 하는 본성을 거부하고 싶기 때문입니다. 그리고 전능하신 하나님이 한 인간을 향해 기꺼이 드넓은 품을 내어 주셨던 것처럼, 저도 작지만 누구나 뛰어오를 수 있는 기댈 언덕이 되었으면 하는 마음을 담고 싶었기 때문입니다. 끝이 보이지 않은 긴 터널을 헤매는 것 같은 쓸쓸하고 고요한 날에도 저 멀리 새심이 비춰 오는 작은 빛 하나에 위로를 얻듯, 누구 하나 알아주지 않는 작은 움직임이지만 하나님과 함께 실컷 웃으며 참 평안을 나누는 믿는 자이고 싶습니다.

어디로 가야 할지 모르는 그곳에 서 있습니다. 언제쯤 명확한 길을 따라가게 될지 모르겠습니다. 모서리에 간신히 서 있는 불안한 인간으로 평생을 살아가게 될지도 모릅니다. 그러나 이 두려움의 폭포를 뒤로하고 믿음의 강에 몸을, 삶을 내던지는 무모함과 순간마다 주어지는 작은 떨림의 까닭을 누리는 충만한 자이고 싶습니다.

몽 루와얄 언덕에 서서 하나님만 들을 수 있는 목소리로 이렇게 읊조렸습니다.

혼자만 있는 것 같은 시린 소외의 두려움 속에서도 하나님의 빛을 바라보게 하소서.

땅의 경계를 허물고 하늘의 충만함으로 부르심을 전하게 하소서.

믿음의 나침반을 끝없이 흔들어 올바른 방향을 향해 나아가게 하소서.

찢어진 휘장을 딛고 믿음의 참 아름다움을 누리게 하소서.

남기솔

목원대학교(신학) 졸업 후 사랑하는 아내 송주현과
캐나다 몬트리올에서 사역하고 있다.
저서로는 『낯섦에 서다』(하모니북, 2019)가 있다.

사소하고 거룩한 일상

이화진

꿈을 꾸고 이루는 것이 인생의 중요한 목표라고 여겨지는 세상에 살고 있다. 어릴 때부터 계획을 세우고 부지런히 정해진 코스를 잘 이수하여 어린 나이에 꿈을 이루면 그것이 바로 인생 성공이라는 공식이 받아들여지는 시대다. 성경 속 인물인 요셉과 다니엘은 꿈을 꾸고 성취하는 인생, 뜻을 정하고 목표를 향하여 전진하는 인생의 예시로 자주 언급된다. 꿈이 없거나 세상에서 인정하는 꿈을 꾸지 않으면 그 인생은 별 볼 일 없는 인생으로 치부되기도 한다. 내 인생에서도 '꿈'이라는 단어는 늘 중요한 자리를 차지했다. 꿈을 얼마나 이루었는가는 상관없이 말이다.

'거룩한 꿈'은 교회에서 설교 시간에 많이 들었던 주제다. '거룩한 소명'은 늘 숙제처럼 나를 따라다녔다. 무엇이 거룩이고 어떤 꿈이 거룩한 꿈일까? 성경을 읽고 기도를 하고 말씀을 들으면 좀 더 분명해질 줄 알았는데 그렇지도 않았다. 지금 내가 '거룩한 소명을 가지고 살고 있나?' 하는 질문이 끊이지 않았다.

오랜 질문의 시간을 지나 내가 선택한 거룩한 꿈은 남편과 함께 '사역의 배'에 오르는 일이었다. 남편은 잘 다니던 대기업을 퇴사하고 관심 있어 하던 목공을 배웠다. 목수의 일을 나름 만족하며 지내던 어느 날, 새벽 기도를 하며 흔히 말하는 '그 은혜'를 받았다. 일시적인 뜨거운 감정인지, 하나님의 부르심인지, 기도하면 할수록 더 뜨거워지니 '부르심이 맞구나' 결론을 내리게 되었다. 그렇게 서른여섯 늦은 나이에 남편은 부르심을 받고 신학대학원에 진학했다. 네 살, 일곱 살의 두 아들과 아내인 나를 두고 남편은 3년간 기숙사 생활을 했다. 남편과 함께 '사역의 배'에 오르긴 했지만, 혼자 감당해야 할 짐이 생각보다 무거웠다. 3년간 두 아들을 혼자 돌보면서 가정 경제에 작은 보탬이 될 만한 일을 했다. 교회에서는 집사에서 사모로 신분이 바뀌면서, 더 거룩하고 경건하고 순종하는 사람이 되기를 요구받았다. 친하게 지냈던 집사와는 거리 두기를 해야 했고, 입을 조심해야 했다. 사역의 배에 함께 탄다는 것이 어떤 것인지 구체적으로 맛보는 3년이었다.

'거룩한 소명'에 이끌려 가는 삶이니까 우아한 모습을 유지하며 살아갈 수 있을 줄 알았다. 아니었다. 큰 착각이었다. 내게 주어진 훈련은 고상한 것이 아니었다. 일을 하면서 아이들을 돌보느라 힘들어도 공적인 예배에 빠지지 않아야 했다. 경제적인 어려움은 당연히 안고 가야 했다. 쉽지 않았다. 나도 남편도 각자의 감당할 몫이 있었고, 서로의 짐도 나눠 가져야 했다. 나도 힘든데 상대의 힘든 것도 알아줘야 했다. 남편과 나는 서로의 상태를 돌아볼 여유가 없었다. 각자의 짐만으로도 버겁고 힘겨웠다. 그저 각자의 짐만 겨우 지고 주님을 부르며 걸었다. 늦게 올라탄 '사역의 배'에서 힘들다고 내릴 수는 없었다.

은혜를 받고 감격하며 순종의 마음으로 탔던 '사역의 배'는 순풍에 돛 단 듯 목적지를 향하여 전진하지 않았다. 빙글빙글 제자리를 돌 때도 있었고, 불어오는 바람을 이기지 못하고 뒤로 물러서는 때도 있었다. 폭우에 배가 침몰할 위기를 맞이하기도 했다. 만 22년 결혼 기간 중에 신혼 시기를 제외하면 이때가 남편과 제일 많이 다퉜던 시기다. 가장 은혜 충만하고 기쁨이 넘쳐야 할 것만 같은데 소명을 받고 길을 나선 때에 가장 낮은 나와 남편의 밑바닥을 보았다. 다른 목사님과 사모님, 사역자들은 모두 행복한 사역을 하고 있는 듯 보이는데, 나와 남편은 싸우며 겨우겨우 사역을 감당하는 것이 부끄러웠다. 물론 다른 이들이 보기에 나 역시 행복한 사역을 감당하는 듯 보였을 테다. 어디서 말할 수도, 표현할 수도 없었으니까….

그때의 마음고생은 몸을 통해 겉으로 드러났다. 삼십 대 중반에 왼쪽 난소에 5cm 가량의 혹이 생겼다. 난소낭종으로 왼쪽 난소를 제거했고, 오른쪽 팔에는 오십견이 찾아와서 빗질도 제대로 하기 어려운 상태로 지냈다. 밥도 왼손으로 먹고 머리도 한 손으로 감았다. 그런 상태로 출근을 하고 손 쓰는 일을 하며 눈물로 지냈던 시간, 바로 남편이 신대원에서 공부할 때였다. 경제적으로, 정신적으로, 육체적으로, 영적으로, 모든 부분에서 결핍의 시간이었다. 하나님을 뜨겁게 만나고 거룩한 소명을 붙들고 가는 길이 결코 쉬운 길이 아님을 하루하루 경험하는 날들이었다. 결혼하고 가장 많은 눈물을 흘렸던 시기였다. 기도하려고 눈을 감으면 그저 눈물이 주르륵 흘러내렸다.

그 결핍을 채우기 위해 나는 책을 읽기 시작했다. 육아서와 기독교 서적, 쉬운 신학 책과 교육에 관한 책, 철학 책과 인문서적 등. 힘들면 책을 읽고 질문하며 기도했다. 거룩한 꿈을 가지고 들어선 길이 너무 힘들었지만, 배에서 내릴 수는 없었다. 목적지를 향하여 더 잘 갈 수 있는 방법을 알고 싶었고, 책을 읽으며 방법을 찾으려 했다. 책은 나의 친구이자 위로자가 되어 주었다. 결핍의 시간, 책을 읽을 때 하나님은 나를 만나 주셨고 위로해 주셨다. 하나님의 창조 목적과 하나님께서 나에게 기대하시는 것, 내가 하기 원하는 것이 무엇인지 조금씩 구체적으로 보이기 시작했다.

김형원의 《소명, 그 거룩한 일상》에서는 "우리를 향한 하나님의 첫 번째 '소명'은 하나님을 닮은 '거룩한' 사람으로 변화되는 것입니다."라고 말하면서 "소명의 삶은 무엇을 하는 것 이전에, 어떤 사람이 되는 것"이라고 했다. 하나님을 닮은 성품으로 변화되어 가는 것, 삶의 방식이 세상과 달리 구별되는 것. 그것이 바로 거룩한 자녀의 모습이라고 했다. 거창하며 있어 보이는 '거룩한 꿈'을 생각했던 나는 '오늘 화내지 않는 것, 화날 상황에 참는 것, 감사하며 음식을 대하는 것, 힘든 사람의 이야기를 진심으로 들어 주는 것, 이웃을 위한 지출을 하는 것, 어제보다 오늘 조금 더 사랑하는 것 등' 사소해 보이는 매일의 작지만 선한 선택들이 '거룩한 꿈'을 이루어 가는 길임을 알게 되었다. 뜬구름 잡는 듯이 막연하게 '거룩한 꿈'을 쫓는 것보다 '지금, 여기에서' 온유한 말을 하고 사랑을 표현하는 것, 자연과 사람을 생각하는 선택을 하는 것이 더 중요하다는 걸 놓치지 않게 되었다. 힘든 그 시간을 통해 하나님은 내 중심을 만지셨고 고치셨다. 나에게 필요한 시간이었다. 나답게 내 자리에서 하나님을 섬기는 방법을 찾을 수 있도록 단단해지는 시간이었다.

2014년에 첫 번째 유산을 시작으로 2015년 7월 네 번째 유산, 2017년 4월 다섯 번째 유산까지 4년 동안 두 번의 자연 유산과 세 번의 계류 유산을 경험했다. 원인은 모른 채 반복되는 유산때문에 몸과 마음은 지쳐 갔다. 태동까지 느낀 건 아니었지만, 난황을 보고 아기집을 보면서 심장 소리까지 들었던 태아와의 작별은 그리 쉬운 일이 아니었다. 첫째와 둘째를 이미 키우고 있어서 부담이 덜하긴 했지만, 유산을 겪을 때마다 아픔은 컸다. 어떤 경험은 그 경험을 통해 더 단단해지고 성장하는 경우가 있다지만, 유산은 그렇지 않았다. 처음이나 다섯 번째나 똑같이 낙심이 가득했다. 아니, 경험을 통해 단단해지는 것이 아니라 오히려 다섯 번째가 되었을 때 더 큰 절망을 느꼈던 것 같다. 유산의 원인이 명확하지는 않았지만, 내 안에서는 사역의 길에 들어서고 나서 받은 스트레스가 원인일 거라고 판단했다. 하나님의 일을 하면 인생이 더 잘 풀리고 문제도 없어야 할 것 같지만, 사실은 그렇지 않다. 내 삶만 해도 남편이 신대원을 가고 사역자의 길에 들어서고부터 더 고된 훈련과 고생이 시작되었다.

몸과 마음을 태아에게 활짝 열고 내 삶에 찾아온 생명을 받아들이자마자 바로 죽음을 이야기하는 건 얼마나 잔인한 일인지…. 계류 유산이 된 상태로 내 몸속에 남아 있는 태아를 제거하는 수술은 너무도 짧은 시간에 빠르게 끝난다. 태아의 죽음을 확인하고 더 이상 어찌할 수 없는 상태로 수술을 한다.

그리고 자궁 속을 깨끗이 비운다. 수술 후 눈을 뜨면 겨울 냉골 바닥에서 자고 일어난 기분이다. 태아에 대한 걱정과 슬픔, 유산의 아픔은 사라지고, 추워서 덜덜 떨고 있는 내 몸에 온 신경이 집중된다. 태아는 없고 나만 남는다. 한 시간 사이에 임산부에서 일반인으로 몸이 바뀌고 태아에 대한 생각은 사라진다.

애도의 순간이 짧아도 너무 짧은 유산의 시간. 사람들은 유산으로 망가졌을 내 몸을 걱정하지만, 다섯 번의 유산을 통해 존재의 소중함을 알았다는 것이 큰 소득일지도 모르겠다. 이 땅에 살아 있는 모든 존재, 살면서 마주하는 한 사람 한 사람이 얼마나 귀한 생명인지, 첫째와 둘째를 출산했던 경험보다 다섯 번의 유산을 경험하면서 생명의 소중함을 더 크게 느꼈던 것 같다. 내가 원한다고, 내가 노력해서 이 땅에 생명을 만들어 낼 수 있는 게 아니라는 걸 유산을 통해 알게 되었다. 두 아들을 별 어려움 없이 출산하고 양육하면서, 태어나고 자라는 일을 너무 당연하게 받아들였었다. 그래서 유산은 좁은 내 시각을 넓혀 주는 기회이기도 했다. 임신을 하고 싶어도 임신이 잘되지 않는 사람, 겨우 임신을 했지만 유지되지 않고 유산하는 사람, 10개월을 유지하지 못하고 조산으로 미숙아를 출산하는 사람, 출산 후 다양한 장애로 힘겨워하는 사람. 유산의 아픔을 통해 또 다른 아픔을 겪는 이들을 볼 수 있는 눈이 생겼다. 한 생명이 이 땅에 태어나 많은 사람의 도움을 받고 성장해 간다는 사실이 새삼 감동으로 다가왔다. 생명의 소중함이 가슴으로 느껴지니 죽음의 소식이 들려올 때면 더 많은 눈물이 흘러나왔다. 유산의 아픔을 충분히 경험하고 출산이 전적인 하나님의 은혜임을 경험했다. '고난이 유익'이라는 고백을 내 입으로 하게 되다니, 나에게 있어 예수님을 믿고 거룩한 소명을 가지고 살아간다는 것은 고난에 임하는 태도가 달라진다는 것을 의미했다. 고난 중에도 즐거워할 수 있는 마음의 여유가 조금씩 자라기 시작했다.

마흔다섯의 여름이 지나고 가을이 다가올 무렵, 롤러코스터를 탄 듯 마음이 왔다갔다 하고 미열이 느껴졌다. 가슴이 쿵쾅거리면서 뛰고 쉽게 피로감을 느꼈다. 낮잠을 자야 겨우 버틸 수 있었고 모든 게 귀찮게 느껴졌다. 갱년기가 찾아온 줄 알았다. 이사 후 변화된 환경에 적응도 하기 전에 몸에 이상이 오는구나 싶었다. 그런데… 결과는 임신이었다. 갱년기가 아니라서 다행이라 생각했지만, 뜻하지 않은 임신 소식도 당황스러웠다. 계획하지도 않았고 꿈꾸지도 않았던 일들이 오십을 바라보는 내 인생에 찾아왔다. 외부적으로 코로나가 찾아왔다면 내부적으로는 셋째의 임신과 출산이라는 뜻밖의 상황이 찾아온 것이다.

하나님은 '개척하고 부지런히 사역하며 영혼을 구원하는 일에 열심을 내어야지.'하고 마음먹은 부부에게 교회 공간을 허락해 주시지 않았다. 함께 사역할 사람을 보내 주시지도 않았다. 개척은커녕 기존의 교회들마저 어려움으로 문을 닫아야 하는 코로나 상황을 마주하게 되었고 늦은 나이의 임신과 출산으로 몸과 마음이 힘든 시간을 보내게 되었다. 다섯 번의 유산 후 더 이상의 출산은 없다는 내 계획은 '내 계획'일 뿐이었다. '하나님의 계획' 속에는 이미 셋째가 있었다. 그렇게 원하고 바라며 기도할 때는 주시지 않았던 셋째를 포기하고서 잊고 바라지도 않을 때, 하나님은 내 뜻과 상관없이 그분의 뜻대로 맡겨 주셨다. 개척과 사역, 제2의 인생을 준비하는 시기로 여겼던 사십 대의 후반과 오십 대의 계획은 다시 원점으로 돌아갔다. 계획할 수 없었다. 내게 주신 사명은 무엇일까, 어떤 사역으로 하나님께 영광을 돌릴 수 있을까, 무엇을 시작하면 좋을까 고민이 무색해졌다. 나에게 주어진 일상 속에서 거룩한 소명이란 바로 육아였다.

　모든 것을 내려놓고 '사역자의 길'에 들어서고서 십여 년이 지난 지금, 남편은 여섯 명의 가족이 모여 예배드리는 개척 가정 교회의 목사로, 그림책 독서 모임을 인도하는 리더로 섬기며 살고 있다. 막내 육아도 많은 부분 함께 감당하고 있다. 두 아들이 어릴 때 함께하지 못했던 시간을 지금 막내와 함께하며 누리고 있다. 이 또한 남편의 인생 계획에 없던 그림이

다. 일상의 소중함, 일상에서의 거룩함을 찾기 시작하고 사역에 대한 목표나 방향이 바뀌면서 한 영혼의 소중함을 강조하신 예수님의 마음을 품고 사역을 감당하고 있다. 세상적인 눈으로 보기에 너무나 초라한 사역으로 보이고 성공과는 거리가 멀게 느껴지는 사역 현장이다. 거룩한 소명에 이끌려서 달려온 곳이 이런 곳이라니….

그러나 하나님은 지난 십여 년의 시간 동안 우리의 눈을 새롭게 바꿔 놓으셨다. 초라해 보이는 이 사역이 아주 소중한 우리의 사명임을 볼 수 있는 눈을 주셨다. 작은 일에 충성한다는 것이 이런 것이 아닐까? 남편이 이끄는 그림책 모임에서 그림책을 함께 읽고 삶과 신앙을 나누며 치유의 시간을 경험한다. 힘들었던 사역 초기를 재해석하게 되었다. 그 어려운 시간이 있었기에 다양한 사람들의 인생 이야기를 공감하며 들을 수 있었다. 다섯 번의 유산, 계획에 없던 늦둥이 임신, 코로나 시기의 개척, 모일 수 없는 상황에서의 독서 모임. 겁 없이 사역의 배에 오른 내 삶에 하나님은 다양한 이야기를 선물로 주셨고 다른 시각으로 볼 수 있는 눈을 주셨다.

2020년 5월 8일 어버이날. 내 나이 마흔여섯에 셋째 아들을 만났다. 총 8번의 임신과 다섯 번의 유산, 그리고 세 번의 출산. 낳으면 알아서 큰다고 어느새 셋째는 26개월이 되었다. 스무 살, 열일곱 살, 세 살. 어울리지 않는 조합의 세 아들과 지지고 볶으며 일상을 보내고 있다. 나는 매일 거룩한 소명을 일상에서 찾고 살아 내려 분투한다. 인생에서 가장 중요한 것이 무엇인지 알기에, 하나님께서 내게 원하시는 거룩한 삶의 선택이 무엇인지 알기에, 내가 원하던 방식으로 살지 못한다 해도 기꺼이 만족하며 지낼 수 있는 힘이 생겼다. 멋모르고 올랐던 사역의 배를 타고 버틴 결과라고 해야 할까? 10여 년의 훈련을 통해 나는 지금 주어진 자리, 맡겨진 일이 작고 사소할지라도 이것이 '거룩한 나의 꿈'이라는 걸 안다. 더 크고 멋진 꿈을 꾸라고 주위에서 떠들어도 흔들리지 않는다. 그들에게 주신 꿈과 나에게 주신 꿈이 다르다는 걸 인정했다. 내게 주신 꿈이 내 마음에 들지 않는다고 거부하지 않기로 했다. 하나님은 가장 좋은 것을 주시는 나의 아버지이시고 내게 가장 좋은 것이 무엇인지 아시는 분이시니까. 마흔여섯에 셋째 아들을 맡기신 뜻이 분명히 있을 것이다. 때가 되면 그 뜻 또한 알게 되리라.

힘들 때나 내 뜻대로 일이 진행되지 않을 때 '사람이 마음으로 자기의 길을 계획할지라도 그의 걸음을 인도하시는 이는 여호와시니라', 잠언 16장 9절 말씀이 떠오른다. 오십을 바라보는 나에게 장거리 항해를 요하는 '육아의 배'를 맡기신 하나님의 뜻은 알 수 없어도, 이 말씀을 생각하면 마음은 평안하다. 매일 똥 기저귀를 치우고 여기저기 아이가 흘린 음식을 치우는 일을 반복하며 지내는 지금, 내가 계획하지 않았지만 내게 주어진 육아의 시간을 '거룩한 꿈'을 이루어 가는 시간으로 만드는 중이다. '지금 여기에서' 거룩한 내가 되는 것, 아이를 더 많이 사랑하는 것에 마음을 둔다.

이화진

세 아들과 함께 홈스쿨링 중인 20년 차 엄마 학습자이다.
마음나눔 홈스쿨(blog.naver.com/hjinmaum)을 운영하며,
자신과 이웃의 영적 확장을 돕기 위해 읽고 쓰고 배우는 중이다.

졸음 탈출기

배정은

모태 신앙으로 성장한 나는 주일 성수가 습관처럼 몸에 배어 있다. 어릴 적 주일 학교 예배 때는 전도사님께서 갖가지 시청 각 도구를 가지고 오셔서 아이들이 흥미진진하게 느끼도록 설 교해 주시곤 했다. 그런데 대학에 들어간 후에는 어른 예배, 그러니까 대예배에 참석해야 했다.

그런데 한 가지 문제가 생겼다. 대예배 설교가 너무 어려웠 다. 장년들을 대상으로 하다 보니 설교에 자주 등장하는 추상 적인 표현, 형이상학적인 표현들이 나에겐 어렵게 느껴졌다. 잘 이해할 수 없으니 자연스레 졸게 되었다. 오히려 주일학교 에서 봉사하며 듣는 설교가 더 재미있고 이해하기 쉬웠다. 어 쩌면 나의 지적 능력이나 이해력이 아직 어린아이 수준에 머 물러 있지 않나 싶다. 대예배 시간에 몇몇 성도들은 설교를 들으며 뜨거운 눈물을 흘리기도 하고, 예배가 끝났는데도 흐느끼며 기도하는 사람들도 있었다. '왜 나는 감동이 없는 거지? 왜 나는 아무 느낌이 없는 걸까?'라고 생각하며 교회 문을 나왔다. 다행히 새벽기도, 수요예배에서 듣는 설교는 이해하기가 좋았다. 아마도 그건 설교 시간이 짧았기 때문이지 싶다. 나의 젊은 시절 믿음 생활의 고민거리였던, '설교 시간에 말씀을 어떻게 하면 잘 받아들이고 졸지 않을까?' 하는 질문은 최근 몇 달 전까지 지속되었다.

늦은 결혼으로 나는 중년이 되어서야 남편과 함께 예배를 드리게 되었다. 당시 사회복지사로 일했던 나는 과중한 업무로 너무 피곤했기에 결혼 전보다 예배 시간에 심하게 졸곤 했다. 너무 졸려서 장로님의 대표 기도 시간에, 나는 의자 앞 탁자에 엎드려 기도하다가 아예 잠이 들어버리기도 했다. 설교 시간에는 고개를 끄덕이며 졸기도 했고 몸 전체가 좌우로 왔다 갔다 할 정도로 졸기도 했다. 나중에는 설교 시간 목사님의 목소리가 아예 들리지도 않을 때도 있었다. 심지어는 나도 모르게 살짝 코를 골다가 내가 놀라서 깬 적도 있다. 이렇게 졸고 있으니 설교 말씀은 더욱 따라가기가 버거웠고 그래서 또 졸게 되는 악순환의 연속이었다.

신실한 신앙을 가진 남편은 내가 조는 모습을 보고 처음엔 많이 당황해했다. 처음에는 내 옆구리를 찌르거나 내 허벅지를 꼬집기도 하면서 나를 깨웠다. 그러나 조는 습관은 그리 쉽게 고쳐지지 않았다. 한동안 나의 그런 모습을 보고는 남편은 내게 진지하게 이야기했다. "예배 시간에 그렇게 졸 거면 다음 예배를 한 번 더 드려." 그 후부터 2부 예배를 드리되 만약 설교 시간에 졸면 다음 3부 예배를 다시 드려야 했다. 다행히 2부 예배 때 실컷 졸고 나니 3부 예배 때는 그렇게까지 졸지 않았던 것 같다. 남편은 담임 목사님의 설교에 눈물을 흘릴 정도로 말씀에 감동하는 사람인데, 아내라는 사람은 설교 시간 내내 졸고 있으니, 나에 대한 환상은 아마 그때 깨진 것이 아닐까 싶다.

남편의 제안대로 그렇게 한동안 두 번씩 예배를 드렸다. 그런데 예배를 두 번 드리다 보니 시간이 오래 걸린다는 생각에 다른 방법을 찾았다. 그래서 찾은 방법이 대예배 때 설교 노트를 적어서 핵심이 되는 설교 말씀을 컴퓨터 작업으로 이쁘게 장식해서 이미지 카드를 만들어 교회 게시판이나 SNS에 올리는 것이었다. 그래서 예배 시간에 두꺼운 노트에다 기자가 녹취하듯 열심히 설교를 받아적었다. 그리고 월요일이 되면 교회 홈페이지에서 설교 방송을 다시 들으며 내가 받아적은 말씀에 빠진 부분은 없는지 확인하고 녹취한 기록을 꼼꼼히 읽어 가며 설교의 핵심 문장을 뽑아내고 그것을 그래픽 프로그램을 이용해서 이미지 카드를 만들었다. 남편은 나를 도와준다는 명목으로 이미지 카드를 제대로 만들었는지 검열했다. 종종 남편은 "이게 핵심이 아니야"라고 핀잔을 주기도 했다. 뭐, 그다지 기분이 좋진 않았지만, 남편을 좋은 신앙의 선배로 생각했기에 그의 검열에 맞춰 이미지 카드를 수정하고서 교회 게시판과 SNS에 올렸다. 사실 예배를 두 번 드리는 것보다 더 많은 시간이 필요했고 월요일 하루가 꼬박 걸렸다. 그래도 이미지 카드를 보면서 설교의 의미를 되짚어 보며 주님께서 채워 주시는 은혜를 상당히 경험하였다. 물론 컴퓨터로 이미지 만드는 작업도 즐거웠다. 그러던 어느 날 남편은 내게 새로운 의견을 넌지시 말했다. 이미지 카드를 올리는 것은 좋은데 교회 홈페이지나 SNS에 올리면 나의 이름이 드러나기 때문에, 어떤 면에서 보면 본인 자랑이 될 수 있으니 이미지 카드는 그냥 개인용 컴퓨터에 보관하는 게 좋지 않겠냐고 했다. 그런데, 나는 그냥 보관용으로 할 것이라면 굳이 만들 필요가 없다고 생각했다. 한때 나는 비영리 단체를 만들어 각종 기독교 관련 정보 서비스를 제공하는 꿈을 가졌었다. 그런 생각이 있었기에 설교 이미지 카드도 즐겁게 만들었던 것 같다. 하지만, 남편의 의견을 존중하여 일단 설교 이미지 카드 만드는 것을 내려놓았다.

그렇게 시간이 지나가는 사이에 나는 가끔 새벽기도와 수요예배에도 참석하면서 설교에 귀 기울였다. 이상하게도 새벽

기도나 수요예배 때는 졸지 않았다. 그렇지만 주일 대예배 시간에 조는 것은 계속 마음에 걸렸다. 예배의 꽃은 대예배 때 이뤄지는 '설교'라고 생각했기 때문에 늘 항상 죄책감이 들었고 스트레스가 되었다. 남편은 심지어 내가 구원을 못 받은 사람인 것 같다고 말할 정도였다. 그런 질타가 좀 섭섭하게 들리기는 했지만, 예배 시간 조는 습관은 상당히 고질적인 문제이긴 했다. 그래서 '예배에 대한 기대감이 없었기에 조는 게 아닐까?'라는 고민도 해보았다.

한때 성가대를 했었다. 성가대 자리는 쉽게 눈에 띄고 또 예배를 섬기는 일이기에 예배 시간에 성가대석에 앉아 조는 것은 특히 조심해야 한다. 그러다 보니 나의 졸음은 더욱 문제가 되었다. 한두 번 조는 것은 괜찮은데 매주 졸다 보니 눈치가 보여서 최대한 눈에 띄지 않는 자리에 앉으려고도 했다. 성가대석 앞쪽에 있는 피아노 바로 뒤 작은 의자에 앉으면 조금 가려진다. 하지만 그렇게 숨는다고 숨겨지는 곳이 아니었다. 1층에서는 안 보일지 몰라도 2층에서 보면 훤히 보이기 때문이다. 그래서 어쩔 수 없이 성가대도 그만둘 수밖에 없었다. 담임 목사님의 설교가 부족한 것은 절대 아니었다. 남편은 말씀에 감동이 되어 눈물을 흘릴 정도이니 말이다. 이런 내가 너무 부끄럽고 하나님께 죄송했다.

그러다가, 코로나19로 인해 집에서 예배를 온라인으로 드려야 하는 상황이 벌어졌다. 시아버님은 불신자이기에 어떻게든 전도하고 싶은 우리 부부는 주일에 시댁에 가서 유튜브로 시어른들과 함께 예배를 드리기로 했다. 시아버님은 우리 부부가 오는 것을 적잖이 반가워하셨다. 주중에 어머님과 아버님 두 분만 지내시니 많이 적적하셨던 것 같다. 나는 한편으로 기쁘면서도, 예배를 드리는 중에 또 졸지 몰라 매번 불안한 심정으로 시댁에 갔다. TV를 인터넷에 연결해서 거실 소파에 앉아 시부모님과 우리 부부와 시누이가 같이 예배를 드렸다. 그런데 이를 어쩌나…. 최대한 안 졸려고 노력했는데 나도 모르게 고개가 깜박하고 뒤로 넘어간 것이다. 그러자 아버님께서 "아니, 예배드리는 데 왜 졸아?"라고 하셨다. 불신자이신 아버님도 졸지 않고 설교를 들으시는데 명색이 장로와 권사의 딸인 내가 졸고 있으니 얼마나 한심하게 생각하셨을까. 너무 창피했다. 시어머님께서는 안타까우신지 좋은 방책을 알려 주신다며 내게 소파에 쏙 들어가 편하게 앉지 말고 엉덩이만 살짝 소파에 걸터앉고 허리를 꼿꼿이 펴고서 들으라고 하셨다. 하지만 나는 허리를 꼿꼿이 펴서 앉는 게 불편하다고 생각해 바로 실천하지 못하고, 졸음이 오면 부엌에 가서 커피를 타서 마시거나 소파 뒤에 서서 설교를 들었다. 그렇게 하니 훨씬 나아졌다. 설교에 집중할 수 있었고, 진심으로 은혜가 되었다. 그러나 실제 교회에 가서 설교를 들을 땐 서서 들을 수 없기에 어머님이 가르쳐 주신 방법이 비록 귀찮고 힘들지만, 허리를 꼿꼿이 펴고 듣는 방법을 쓰기로 했다. 의자에 살짝만 걸터앉고 허리를 꼿꼿이 펴고 설교를 들으니 졸리지 않고 이해도 잘 되었다. 귀 기울여 들으니 목사님의 설교가 이렇게 귀한 설교인지 다시 한번 놀랐다. 진작 이 방법을 사용했어야 했는데 정말 나의 무지함과 나태함에 고개가 절로 숙어진다.

한번은 예배 후 담임 목사님께 인사하며 설교 시간에 자꾸 졸아서 죄송하다고 말씀드렸다. 목사님은 웃으시며 조는 자에게도 은혜를 주신다고, 얼마나 피곤하면 그러겠냐고 하시면서 괜찮다고 말씀하셨다. 그래도 목사님 기분은 좋지 않으셨을 것 같다.

하지만, 요사이에는 대예배에 기쁘게 참여하고 있다. 남편도 더는 내게 핀잔을 주지 않고, 나 또한 졸지 않게 되면서 말씀을 조금은 더 잘 이해하게 되니 말씀의 은혜도 누리게 되었다. 나아가 남편은 목사님의 설교 말씀에 대해 나와 소감을 나누는 등 깊이 있는 신앙의 대화도 가능해졌다. 모태 신앙이었지만, 나는 오랜 기간 신앙생활의 매너리즘에 빠져 예배를 사모하는 마음이 적었고 하나님을 만나는 시간에 대한 기대감과 설렘이 희미했던 것을 고백한다. 물론 나의 지성적인 면이 따라가지 못해서일 수도 있겠지만 곰곰이 따져 보면 예배에 대한 기대감이 부족했던 게 주요인이라 생각한다. 그냥 조는 것을 당연한 것으로 생각했는지도 모르겠다. 다행히도 그 많은 세월을 지나 이제라도 제대로 예배하며 말씀을 듣고 은혜를 누리게 되어서 하나님께 감사드릴 뿐이다. 그리고 하나님께 죄송했다. 고개 숙여 예배 시간에 조는 나의 불성실한 죄를 고백하고 회개 기도를 드렸다. '하나님, 차라리 저를 회초리로 때려 주세요. 꿀밤이라도 세게 때려 주세요. 왜 말만으로 하는 회개 기도를 그냥 용서해 주시나요!'라는 기도를 종종 했다. 어찌 보면 내 마음이 패역했던 건 아닐까? 그 속에는 물론 교만이 자리하고 있었다. '난 오랫동안 교회를 다녔고 졸더라도 설교 말씀이 무의식으로 들어가니까 문제없어'라는 얼토당토 않은 생각이 있었음을 자백하고 다시 한번 회개의 기도를 드린다. 나도 벌써 50을 넘어섰다. 그동안 잃어버린 시간과 예배 시간의 은혜 충만한 그 많고 많은 설교들을 다 놓치고 살아왔다. 그 세월이 거의 30년의 세월이다. 너무 부끄럽다. 그래도 지금이라도 깨닫고 돌이킨 것이 천만다행이라 생각한다. 남편이 나를 한심하게 보고 '과연 구원받은 사람인가?'라고 생각했다고 하는데, 하나님은 얼마나 나에 대해 안타까운 마음을 가지고 계실까 생각해 본다.

요즈음 나의 지나온 삶을 되돌아본다. 고백하건대, 나는 초등학교, 중학교 시절 교회 수련회에서 말씀을 듣고 기도하면서도 눈물을 한 번도 흘려본 적이 없다. 오히려 나는 기도 시간에 우는 친구들을 보면서 '쟤는 왜 울지? 무엇 때문에 우는 거지?'라고 생각하며 의아해했다. 나야말로 '영적 자폐아'였다. 교회는 참 오래 다녔는데 신앙의 수준은 젖먹이 수준이었다. 남편을 만나서 결혼한 것이 내 신앙생활을 재정비하는 계기가 된 것 같다. 나의 신앙의 선배이자 조언자인 남편에게 감사한다. 더불어 남편을 나에게 배우자로 허락하신 하나님께 감사드린다. 더욱 감사한 것은 진정한 예배의 회복으로 나 자신이 신앙을 재점검하고 다니엘과 같이 주님을 향한 마음을 새로이 결단하게 된 점이다. 어쩌면 올해가 진정으로 하나님께 예배하고 주의 말씀을 들으며 주께 기도하는 삶으로 전환된 해가 아닌가 싶다. 앞으로 나의 삶 속에 신앙의 색채가 묻어나고 진정한 예배자로서, 성도로서 삶을 살아가기를 희망한다. 세상에서는 나이 50을 지천명(知天命)이라 하는데, 나 역시 50대로서 하나님의 마음을 헤아리고 하나님의 뜻을 알아가는 내가 되기를 바란다. 이제 시작이다. 시작이 반이라고 했다. 앞으로의 남은 삶을 후회 없이 주님 보시기에 진실한 신앙인으로 살아가기를 다짐해 본다. 진정한 예배자로서 경건한 삶을 지속하는 것, 이제는 가능하지 않을까?

배정은

손 편지와 글쓰기를 좋아한다.
아동복지시설에서 복지사와 센터장으로 활동했다.
지금은 가정과 교회를 섬기는 평범한 주부이다.

오물 만지는 삶

김선영

급하게 점심을 준비하다가 조리 과정에서 나오는 음식물 찌꺼기를 버리는데 음식물 쓰레기통의 물받이가 엎어지고 말았다. 남편이 재빨리 와서 밀대 물걸레로 처리해 주었다. 나는 한쪽에서 싱크대 하수구에서 음식물 찌꺼기를 손가락으로 빡빡 치대며 빼냈는데, 마침 그때 엄마 생각이 났다. 그래서 한 혼잣말….

"나 어릴 때, 엄마가 이렇게 싱크대 음식물 찌꺼기를 손으로 만지면, 엄마는 그 더러운 것을 어떻게 그리도 아무렇지 않게 만지작거렸을까 참 신기했는데. 이제 내가 이 짓을 하고 있네. 아무렇지도 않게…."

더러운 것을 잘 만질 수 있다는 건 어떤 변화일까? 아무렇지도 않게 만질 만큼 더러움에 익숙해진 걸까? 궂은일을 마다 하지 않는 내성이 생긴 걸까? 작은 녀석은 누가 이미 마신 컵이나 그릇, 숟가락, 잠깐 손이나 닦은 수건조차도 다시 쓰는 법이 없다. 가로 60cm, 세로 40cm는 될 만한 수건을 손 한번 닦고 빨래통에 넣기 일쑤다. 어찌나 깔끔을 떠는지 말이다. 그러면서도 더러운 걸 치우는 것에는 관심이 없다. 정리된 재활용 쓰레기는 버리면서도 음식물 쓰레기를 버리는 것만큼은 극도로 혐오한다. 그런 양을 보일 때마다 나는 말하곤 한다.

 "니 배 속은 더 더럽거든!!"

 이렇게 말하면서도, 나 또한 더러운 것을 얼마나 싫어했는지 기억하기 때문에 볼멘소리라도 아들이 하지 못할 이유는 없다. 그리 큰 도시도 아니건만 도시에서 살다가 외할머니가 사시는 시골에 가면, 동네 어귀에서부터 풍기던 시골 냄새를 잊을 수가 없다. 그때는 그 냄새의 정체가 무엇인지 몰랐으나 지금에 와 생각하니, 그것은 인분과 벼 지푸라기를 켜켜이 쌓아 두고 발효시킨 거름더미에서 흘러나오던 냄새였다. 비위가 약한 나에게 그 냄새는 무척이나 자극적이어서 외할머니 댁에서는 거의 식사를 하지 못했다. 모든 음식에서 거름 냄새가 나는 것 같아서 말이다. 그래서 굶다시피 하다 집으로 돌아오곤 했다.

 결혼하고 남편이 나고 자란 곳에 처음 갔을 때도 그때와 비슷한 냄새를 맡았다. 그리고 결혼 후 새댁으로 갔을 때, 아버님이 인분을 퍼서 나르시는 모습을 보고 깜짝 놀랐다.

'저 일도 하실 수 있구나! 저런 궂은일을 하실 수 있다니! 농부는 이런 일도 할 수 있어야 하는구나!'

문화충격이었다. 남편은 그런 아버님을 보고 자라서인지, 더러운 일을 처리하는 데 능수능란하다. 막힌 화장실과 싱크대의 관을 뚫는 일, 이사할 때 냉장고 아래의 켜켜이 쌓여서 진득하게 된 먼지 구덩이 치우는 일들을 심상하게 해나간다. 살아가는 동안 아내 입장에서 섭섭한 일이 없지는 않으나, 나는 남편의 이런 면을 높이 평가한다. 더러운 것을 치우는 것은 궂은일이다. 손쉽게 할 수 있는 일은 아니다. 그러나 누군가는 해야만 하는 일인데, 이걸 질색팔색하지 않고 덤덤히 하는 사람이라면 꽤 신뢰가 간다. 괜찮은 사람이라 여겨지는 것이다.

어른이 되면서 나는 더러운 것을 만지는 것에 익숙해졌다. 어쩌다 깜박하고 방치하다 썩어빠져서 곰팡이가 슨 음식물을 처리하는 일, 이거저거 손질하다가 쓰레기의 집합지가 된 싱크대의 하수구라든가 하루만 방치해도 썩은 냄새가 진동하는 음식물 쓰레기통을 비우고 깨끗하게 처리하는 일, 화장실의 막힌 인분을 처리하는 일, 때로 쌀에 생기곤 하는 쌀벌레를 처리하는 일 등 신나지는 않아도 내 일이니까 어느덧 익숙하게 되었다. 어릴 때처럼 밥을 못 먹을 정도로 비위가 상할 일이 아닌, 여상한 일이 된 것이다. 더러움을 치워야 하는 궂은 일, 살아간다는 것은 이 일을 끊임없이 반복적으로 해야 함을 인정하는 것일지도 모른다. 나의 일로 인식하고 피하지 않는 마음의 상태가 어른이 되는 길인지도 모르겠다. 그렇게, 더러움을 치우는 그 번거로움을 감당한 손으로, 다시 깨끗한 밥을 짓고 화장실 변기통을 박박 문지른 그 손으로 다시 맛깔난 반찬을 하고 있다.

어릴 때는 죄책감이 내 심령을 짓누르면 후유증이 심했다. 스스로가 못났다는 걸 확인하면 좌절감으로 생활이 엉망이 되었다. 일상의 루틴이 무너지고, 방바닥에서 며칠을 뒹굴며 나 자신을 방치했다. 지금 생각해 보면 지금 짓는 죄보다 더 무거운 것도 아니다. 성가대를 가야 하는데 TV를 보다 가기 싫은 마음에 결석했던 것, 친구에게 전도를 해야 하는데 용기가 없어서 나서지 못했던 것, 조금의 미움이라도 찾아오면 사랑하지 못하는 내가 하나님을 믿는 믿음이 있는가 싶어 과연 천국이라는 데를 갈 수 있을까 두려웠던 것 등이다. 어찌 보면 순수의 시대를 회상하는 듯하지만 기실은 나 자신에게 집중된 양상이다. 내가 나에게 만족할 수 있어야 했고, 나에게 만족되지 못한 부끄러움은 하나님보다는 사람을 의식하는 데서 오는 것이며 또한 타인의 인정과 칭찬에 대한 욕구에서 오는 것이다. 나는 오물처럼 붙어 있는 나의 약점이 부끄러웠다. 오물과

내가 하나가 되어 같이 뒹굴었다.

그러나 오물은 오물이다. 믿음이란 오물이 내가 아님을 인정하는 것이다. 그것은 치우면 될 일이다. 오늘 치우고 내일 또 치울 일이다. 지나치게 끔찍하게 여길 일도 아니다. 사람에게 가장 실망하지 않는 법, 사랑하기를 유지할 수 있는 법은 내가 그랬듯이 그도 허물이라는 오물 속에서 뒹구는 인생임을 인정하는 것이다. 누군가의 허물을 놀래지 않고 받아들일 수 있다면 인생 좀 아는 사람이다.

어린아이는 부모가 위대하다. 그러나 어느 순간 생각만큼 위대하지 않은 부모를 만나게 된다. 그때가 아마도 아이가 겪는 사춘기이고 반항기일 것이다. 적이 될 수도 있겠다. 그러나 인생을 더 살아가다 보면, 위대하지 않았던 부모가 다시 위대해지는 시간이 찾아오는데, 허물투성이 속에서도 살아 낸 인생, 그 인생 자체가 귀한 것임을 깨닫게 될 때이다. 존경은 때깔 나는 성취보다는 허물투성이라도 귀하게 여기며 살아 낸 인생에서 비롯된다. 그럼에도 불구하고 밥 짓는 일을 포기하지 않는 자세, 나에게 집중하지 않고 예수님께 집중하는 마음의 태도, 죄를 없이한 것은 의를 행하게 하시려 함이었으니까 말이다.

그래서 말이다. 방금 뒤를 닦은 손으로 밥 짓는 일을 하는 것이다. 여전히 말이다. 나라는 감옥 속에서 말고, 참된 주인의 세계에서 자유롭게 살아갈 양이다. 여상하게 오물을 치우면서 말이다. 어른처럼 말이다.

김선영

원석 같은 일상을 글로 이리저리 조리하길 좋아하는 주부다.
지금은 남편, 두 아들과 함께 중국 소주에서 거주하고,
환대의 삶을 꿈꾸면서 살아가고 있다.

오디 예찬
- 익으면 땅에 떨어진다. -

문소영

녹음이 푸르러지는 계절이 깊어 갈수록 꽃이 흐드러지게 핀 나무들에서는 어느덧 초록의 열매들이 물들어 간다. 6월의 화창한 하루가 저물어 갈 즈음이다. 여린 연초록의 잎새들이 가지마다 기지개를 펼치던 계절이 지나 어느덧 녹음으로 우거져서 나무에는 색색의 열매들이 익어 간다. 서울살이 적에는 가을에만 열매들이 맺히는 줄 알았다. 과실 하나가 익어 가는 그 고난의 과정을 무시한 채, 얌체같이 달콤한 결실에만 물들어 있는 이기적 생활인 것을 잘 안다. 여기 전원생활에서는 땀 한 번 흘리지 않는데도 과실의 성숙함에 고개가 숙여진다. 전원 생활은 달마다 다른 꽃들이 피고 지고, 릴레이를 해가는 모습을 직접 보게 되어 그 감회가 새롭다. 초록의 작은 열매들이 태양의 거친 숨을 받아먹고 매일 조금씩 자란다. 콩나물에 물을 주면 언제 자랐는지 모르게 부쩍 커 있다. 탱글탱글 초록빛을 자랑하던 열매는 주황, 선홍, 빨강, 자줏빛으로 변해 간다.

눈에 넣어도 아프지 않을 아까운 풍광을 담기 위해 서둘러 저녁을 먹고, 마을 산책을 한 바퀴 돌아오려고 길을 나섰다. 포근히 감싼 야트막한 산에, 띄엄띄엄 떨어진 집들 사이에 논과 밭들이 주인인 양 온 대지에 다리를 뻗고 누워 있다. 이웃집 강아지 '누룽지'가 멍멍 짖으며 꼬리를 흔들며 산책길에 인사한다. 인적이 많지 않기에 누군가가 지나면 언제나 먼저 반갑다고 눈빛을 날린다. 귀엽고도 사랑스러운 이웃집 강아지다. 꼬부랑 꺾인 마을 길을 걸었다. 한쪽은 산울타리로 넘쳐나는 나무들이 의기양양 어깨를 내저으며 비죽비죽 나와 반기고, 맞은 편은 훌쩍 큰 들꽃들이 살랑살랑 바람에 흔들리며 손짓했다.

저만치서 우두둑 떨어져 있는, 익다 못해 그 시절이 지난 검은 무리가 보였다. 자동차가 지나간 자리에는 짓눌려진 진한 자줏빛 오디들이 뭉개져 있고, 손길 닿지 않은 오디들은 주변에 가지런히 곱게 누워 있다. 서울살이하면서는 늦가을이면 늘 은행나무 가로수 밑에 떨어진 은행들을 보았다. 서울 남산을 오르려면 은행나무길을 의례 통과하는데, 어떻게 하면 고약한 냄새 나는 은행을 밟지 않을까 하며 피해 가려 안간힘을 썼던 기억이 난다.

　뽕나무의 열매인 오디, 가장 깨끗하고 예쁜 아이를 골라 입 안에 넣었다. 달콤하고 팡 터지는 작은 열매들의 맛이 신선하고 새로웠다. 여기저기 떨어져 있는 아이들이 아깝다는 생각이 번득 들어 산책하던 걸음을 멈추고 뒤를 돌아 가장 빠른 걸음으로 질주하기 시작했다. 어느덧 내 손에는 종이가방과 비닐 팩, 비닐장갑이 들려 있고 정신없이 걸어 금광을 발견한 사람처럼 보물이 있는 그곳에 한걸음에 다다랐다. 주변을 살피며 잘 익어 떨어진 오디들을 조심조심, 행여 터질세라 곱게 곱게 하나, 둘 주워 담았다. 가방에 차오르는 오디들을 주우며 "이렇게 귀한 오디가 그냥 버려지다니 너무 아깝다, 사람들이 주워 갔으면 좋겠네."라고 혼잣말하며 연신 주웠다. 중간중간 지나가는 차는 없는지 모자 창살 너머를 살피며 바삐 주웠다. 해지기 전에 조금이라도 더 주워야겠다는 일념이었다.

　손에 보랏빛 물이 들까 봐 낀 비닐장갑을 땀이 차올라 벗어 버렸다. 물이 들어도 좋았다. 내가 심지도 않은 뽕나무의 열매를 생전 처음으로 수확할 수 있다는 기쁨이 더 컸다. 산자락의 뽕나무가 너무 커서 가지가 길가로 넘치도록 뻗어 자랐고, 그 위로 열매들이 주렁주렁했다. 산의 주인이 아니어서 나무에 있는 것은 따지도 못했다. 다만 길에 떨어진 실한 오디들만 주웠다. 그러나 그것도 참 많은 '아이들(오디의 무리)'이 떨어져 있어 작은 종이가방에 가득히 담겼다. 약 30분을 쪼그리고 앉아 주우려니 그것도 만만치가 않다. 허리도 아프고 무릎도 저려, 가끔 하늘 보며 쉬어 가기도 했다. 이런 나의 행동을 보면서 문득 농부들의 수고로움이 느껴지고 공감이 되어, 순간 혼자 피식 웃기도 했다.

전원생활에 처음으로 오디 열매를 손수 얻어 보고는 신이 나서 가족들에게 보여 주었다.

"이것 봐, 오늘 엄마가 처음으로 얻은 오디야! 신기하지?"

가족들이 함께 신기해하며 좋아했다. 서둘러 찬물에 오디들을 씻어 막내 입에, 남편 입에 넣어 주니, "오~ 맛있는데! 또 줘봐!"라고 하면서, 오디를 한입에 털어 넣는 아빠와 포도송이 먹듯 입에 넣고 연한 꼭지를 남겨 먹는 막내를 본다. 순간 '오디주스를 만들어 줘야겠네.' 하는 아이디어가 떠올라 요구르트에 오디를 넣어 오디주스를 한 컵씩 만들어 줬다. 유산균 음료와 달콤한 오디주스가 건강에 매우 좋을 듯했다. 역시 아이디어는 너무 좋았다.

"으흠~ 너무 맛있는데!"

반응도 좋다. 서울에 있는 큰아들은 나중에 해 줘야지 마음먹고, 늦은 밤 공부하고 온 딸에게도 한잔 건넸다. 오디는 금방 상하기가 쉬워 냉동 보관으로 먹으면 좋다고 해서 남은 오디들은 냉동실에 넣어 두었다. 얼려 먹으면 '안토시아닌' 성분이 배가 되어 영양에도 좋다고 한다.

시골에서의 생활이 참 매력 있다. 자연이 주는 선물들인 채소, 먹거리, 열매들을 직접 손으로 바로바로 따서 바로 먹을 수 있다는 것이 신선한 매력이다. 도시에서는 언제나 중개인과 도매, 유통과정을 거쳐야만 소비자들이 먹을 수 있었다. 그 과정을 건너뛴다는 것에 '이런 반전이 있구나!' 새삼 크게 느낀다. 그래서 자연이 주는 선물이 더 귀하고 값지게 보인다.

오디가 다 떨어져 다시 산책길을 나섰다. 이번에는 장비와 도구들을 챙겨서 딸과 함께 나섰다. 딸도 오디를 주워 봤으면 하는 마음에 이웃집 강아지 '누룽지'를 핑계로 데리고 갔다. 누룽지와 잠깐 놀아 주고, 나는 마음이 앞서 먼저 오디의 나라로 서둘러 걸음을 재촉했다. 차에 눌린 오디들을 뒤로 하고, 막 떨어진 신선하고 예쁜 오디들을 담았다. 몇 알 줍고 있는데 트럭을 타고 지나가던 이웃 아저씨가 인사를 하신다.

"내가 더 좋은 오디들 있는 곳을 알고 있으니까, 나를 따라와요."

트럭 바퀴에 오디들이 뭉개지는 것을 안타까워하며 트럭 뒤를 따라갔다. 아저씨는 차에서 내리시더니,

"저기, 논두렁 가에 있는 나무에 가봐요, 나도 잘 익은 오디를 따 먹었는데 크고 맛있어!"

"그리고 얼마 전에 논두렁길도 내가 다 잡초를 깎아 놔서 가

기도 편할 거야."

"아~ 네, 그래요? 감사합니다."

인사를 하고 딸과 함께 뽕나무를 찾아갔다. 논두렁을 밟고 가는 길이 얼마나 오랜만인지! 어릴 적 할머니 댁에 방학 때 놀러 가면서 밟아 봤던 추억이 생각났다. 한 발 내디딜 때마다 개구리들이 풀쩍 풀쩍 뛰어오르며 길을 내어 주었다. 뽕나무를 올려다보니 말 그대로 "정말, 최상급의 오디들이 주렁주렁 하네~!" 잘 익은 오디를 따서 입에 넣어 보니, "오호라~ 맛있네!" 아저씨 덕분에 최상급 오디를 먹어 본다. 참 감사한 아저씨다. 얼마 따지도 않았는데 딸은 벌레들이 있다고 서둘러 가자고 재촉했다. 아쉬운 마음으로, 마음을 접고 딸을 쫓아 논두렁을 벗어났다.

아쉬운 마음에 동네를 산책하며 집으로 향하는데, 대추밭에 놀러 왔는지 한 꼬마가 "안녕하세요?" 인사를 한다. 나는 실하고 잘 익은 오디를 꼬마에게 선물로 건네줬다. 아이는 감사하다며 할아버지 농장을 소개해 주고 싶다며 초대했다. 아이는 "여기는 우리 할아버지 대추밭이에요. 대추가 엄청 많이 열려요. 그리고 여기는 닭과 오리가 있어요. 둘이 따로 있다가 할아버지가 오늘 같이 있게 하셨어요." 나는 아이에게 호응하며 "그래? 대추밭이 엄청 크구나! 닭과 오리도 너무 신기하고 멋지다!" 아이는 할아버지가 심은 오디나무를 자랑스럽게 소개하며 다음에도 놀러 오라고 했다. 지금은 급하게 집에 가야 한다고 아쉬워하면서 말이다. 헤어지는 인사를 하고 집으로 발걸음을 옮겼다.

"오디를 더 줄 걸 그랬네."

아쉬워하며 딸과 이야기하는 사이에 뒤에서 할머니 차를 타고 가는 아이를 보고, 봉지째 아이에게 오디를 맛나게 먹으라고 다 주었다. 오늘의 오디는 그 아이의 것이었다.

오디도 따 보고, 먹어도 보고, 나누어도 보고, 즐겁고 감사한 일상이었다. 오디를 처음 주워 보면서, 자연의 선물이 주는 큰 축복의 의미를 깨닫게 되어 감사하다. 전에는 농부의 수고로운 밭 갈기, 씨 뿌리기, 농작물을 가꾸는 성실한 땀방울, 이글거리는 햇살과 가물어 가는 대지, 목마른 작물의 비를 기다리는 마음, 하루가 다르게 커가는 건강한 채소들 등을 체험적으로 경험하지 못했는데, 시골 생활하며 직접 경험할 수 있어 감사하다. 떨어진 오디를 보면 오롯한 열매가 그냥 버려지는 것 같아 안타깝다. 열매를 줍는 와중에도 뽕나무 가지에서 다 익은 오디들이 도독 토독 내 머리에도 떨어지고, 손 닿으면 닿을 거리에도, 풀잎 사이사이에도 토오독 토도독 떨어진다. '아! 열매가 다 익으면 땅으로 떨어지는구나!' 떨어지지 말라고 해도, 기다리라고 해도, 좀 있다 떨어지라고 해도 아래로, 땅으로 떨어진다.

완전히 익은 열매는 땅에 떨어지는 것을 두려워하지 않는다. 이미 자신이 다 익었기 때문이다. 그러면서 문득 이런 생각이 들었다. 예수님은 하나님의 아들로 이미 완전하셔서 하나님의 때에 이 세상에 내려오셨구나! "한 알의 밀이 땅에 떨어져 죽지 아니하면 한 알 그대로 있고, 죽으면 많은 열매를 맺느리라"(요 13:34) 그렇다. 이미 다 익어 있으셔서 아래로, 땅으로 내려오셔서 한 알의 밀알이 되셨다. 한 알의 밀알이 땅에 떨어져 죽으면 많은 열매를 맺듯이 이미 완전하신 예수님이 하나님의 아들로 이 땅에 오셔서 믿는 자들에게 생명의 많은 열매를 맺게 하셨다.

아직 익지 않은 파란 열매는 아무리 떨어지기를 기다려도 떨어지지 않는다. 떨어지지 않으려는 열매, 익지 않고 자연의 섭리를 불순종하는 열매는 마침내 나뭇가지에 매달려 열매 없이 부패하고 썩는다. 익은 열매는 떨어지지 말라고 해도 떨어져서 땅에서 죽고 새로운 생명으로 태어난다. 가지가 자라고, 새잎이 움 돋고, 해와 열애(熱愛)도 하며, 밤하늘의 별과 밀월여행도 하면서 어둠을 밝히는 달과 이야기한다. 때로는 살랑이는 바람으로 뜬금없는 번개와 천둥을 대면하기도 한다. 갈증이 목까지 차면 하늘까지 목을 곧추세우며 비를 바란다. 농부의 돌봄과 사랑으로 결국 열매를 결실하여 주인에게 기쁨과 칭찬을 받는다. 그래. 완전히 익은 열매는 땅에 떨어지는 것을 두려워하지 않는다. 이미 자신이 다 익었기 때문이다. 완전히 익어 이 땅에 오신 예수님의 겸손과 온유함을 오디를 주우며 느낀다. 다시 한번 감사가 가슴 깊이 퍼져 간다. 주님 따르는 한 알의 밀알이 되어 내게 주신 자리에서 잘 썩어져 주인에게 칭찬과 기쁨이 되는 선한 열매를 많이 맺고 싶은 계절이다.

문소영
하나님 사랑과 이웃 사랑을 꿈꾸며 살아가는 작가이다.
저서로는 시집 『하늘정원』이 있다.

수취인 불명

정슬기

안녕. 이 말을 꺼내기가 이리 오래도 걸렸네요. 그곳은 어때요? 여기보다 마음이 편하고 행복하다고 말해 주세요. 무시하는 이도 없고, 애먹이는 이도 없고, 아프지도 않고, 슬프지도 않다고 해 주세요. 예쁜 노랫소리만 온 데 가득하다고 말해 주세요. 많이도 힘들어했었죠. 아픈 몸을 이끌고 무엇 하나라도 해보려 하던 모습을 나는 잊을 수 없어요. 이제는 미안하다는 말도, 고맙다는 말도 하지 못하게 되었네요. 그 사실 하나가 큰 아쉬움으로 남아요.

엄마가 우리의 곁을 떠나 하나님의 곁으로 돌아간 뒤로도 우리는 벌써 두 번째 계절을 지나고 있답니다. 시간 참 빠르죠? 난 아무리 생각해도 이번 봄은 엄마가 가져다준 것 같아요. 벚나무 가지들이 앙상하게 마르기만 했는데, 발인을 마치

고 돌아오는 날 보니까 꽃망울이 맺혔더라니까요. 이게 엄마
가 가져다준 게 아니고 뭐란 말인가요. 생각해 보니 엄마랑 꽃
구경을 한 번 못 해봤어요. 알고 있겠지만, 철없는 어린 애일
때는 엄마랑 나가는 게 그렇게 부끄러웠는데…. 왜 그랬는지
몰라요. 주일에 특송을 하겠다고 하면 노래도 못하면서 그런
다고 무안 주고, 다투기라도 한 날에는 생 짜증을 내면서 온갖
것에 트집 잡고…. 지금 생각해 보면 그때 나는 엄마를 만만하
게 생각했던 것 같아요. 아는 것도 내가 더 많은 것 같고, 노래
도 내가 더 잘하는 것 같고, 외모도 내가 더 세련된 것 같으니
까 뭐라도 되는 줄 알고 말이에요.

　이따금 기계에 모아 둔 우리의 소리들을 듣곤 해요. 내가 얼
마나 무안을 줬으면, 같이 찬양을 부르다가도 "나 노래 못하
지?"하며 멋쩍게 웃어요. 아무 말도 안 하고 따라 웃기만 하
는 내 소리도 있어요. 빈말은 못하는 성격이라 그랬다고 구차
한 변명이라도 붙여야겠어요. 그때는 '노래'라고 생각했으니
까요. 찬양이 곡조 있는 기도라니, 노래가 나의 고백이라니,
말도 안 된다고 생각했으니까요. 이제 와 몇 번이고 다시 들어
보니 민망해하며 쓴웃음을 삼킬 건 나였어요. 엄마가 아니라
우리의 불협화음이 화음이 되길 바랐는데, 같이 진심을 고백
하는 찬양을 하고 싶은데, 나를 기다려 주기에는 엄마에게 남
은 시간이 생각보다 많지 않았던 모양이에요.

올해 초, 늦겨울이 생각이 나요. 꼬박꼬박 새벽에 기도하고, 저녁에도 기도하고, 심지어 세 끼 식사 준비하는 것도 혼자 힘을 주고 버티고 서 있는 엄마를 보면서 주제넘게 안심했어요. 학교 다녀도 되겠다고, 이번 여름까지는 엄마랑 시간 보낼 수 있겠다고, 울면서 휴학하겠다고 전화했던 날. 아빠와 박 터지게 싸우고 화내고, 결국 중도 휴학서는 냈지만 자취방과 집을 오갈 거라고 했던 날. 생각나세요? 집을 정리하면서 그날 엄마가 쓴 일기를 봤어요. 그중에 한 문장이 마음을 시큰하게 했어요.

"아이들은 내가 죽지 않을 거라고 생각하나 보다."

찔렸고, 아팠고, 미안했어요. 맞아요. 막연하게 그렇게 생각했어요. 그래도 하나님은 크시니까, 엄마는 큰 믿음을 가졌으니까, 영혼을 길러 내고 사랑하는 데 언제나 열심을 다하는 엄마니까, 하나님이 버리실 리가 없다고…. 근거 없는 자신감은 차츰 '설마 하나님이 엄마를 데려가시겠어?' 하는 불안한 소망이 되었죠. 그래서 하나님이 정말로 엄마를 데려갔을 때 나는 내가 마주한 상황을 받아들일 수가 없었어요. 믿을 수가 없었어요. 내 인생의 대부분을 차지했던 사람이 한순간에 사라졌고, 빈자리는 너무나도 컸어요. 갑작스레 몰려오는 상실과 무력의 크기는 내가 감당할 수 있는 그것이 아니었어요. 심지어 아빠는 배우자가 없다는 이유로 수많은 교회에서 거절당

했어요. 할 말을 잃었어요. 상처를 싸매어 주지 못하고 보듬어 주지 못할 거면 가만히라도 있으면 될 텐데, 사람들은 꼭 상처를 벌리고 소금을 뿌려요. '한평생 믿음으로 살아 온 결과가 이런 거라면 난 적당히 치고 빠지는 게 낫겠다.' 하는 생각도 했어요. 살아가야 할 이유를 전혀 찾을 수가 없었어요.

〈가시 망토를 쓴 소년〉이라는 단편 영상을 본 적이 있어요. 도입부에서 가슴에 커다란 구멍이 난 사람이 등장하는데, 이 사람은 휴지를 뭉쳐서 구멍을 메워 보려고 했지만 잘되지 않았죠. 내가 꼭 그랬어요. 엄마는 "나에게 우리 딸은 엄마 없이도 이것저것 알아서 다 하네. 이제 다 컸네." 했지만 그건 다 옆에 엄마가 있었기 때문이에요. 기대어 쉴 수 있고, 미주알고주알 있었던 일도 속마음도 다 털어놓을 수 있고, 때로는 서로 가시를 세우기도 하고, 때로는 꼭 껴안기도 하는 단단하고 속 깊은 나무 같은 엄마가 있었기 때문이에요. 점점 말라가고 부러질 듯 휘청일 때도 그저 존재하기 때문에 든든했어요. 그래서 가슴에 구멍이 이렇게 크게 뚫렸나 봐요. 하나님이 아니라 엄마를 의지했던 결과일까요? '혼자라도 잘 버텨 내야지. 나는 내 인생을 계속 이어 가야지.' 수도 없이 다짐하며 아침을 깨웠어요. 하지만 식사를 하려고 그릇을 꺼낼 때도, 창 앞의 화분에 물을 줄 때도, 자려고 이불을 펼 때도, 온통 엄마의 흔적들 뿐이라서 간신히 버티고 서 있다가도 다시 무너지는 건 순식간이었지요. 상실과 무력은 해변에 들이치는 파도 같다는 생각을 해요. 한 번에 밀려오고 또 순식간에 멀어지고, 무뎌질 만하면 다시 찾아오고…. 순식간에 텅 비어 버린 마음의 공간은 쉽사리 채워지지 않더라고요. 잡히는 대로 채워 봤지만 파도에 휩쓸려 금세 사라지고 말았어요.

나는 여태 엄마를 따라 하나님을 아버지라 불러 왔고, 우리의 진짜 아버지는 완벽한 계획을 완벽하게 이루는 분이라고 들어 왔지만, 지식으로 아는 것과 경험으로 아는 것은 확실히 다르다는 것을 이제야 깨달은 거예요. "하나님을 만나야 해." 버릇처럼 하던 그 말이 참 듣기가 거북했어요. 피하고 싶었죠. 그런데 제대로 커다란 상황에 부딪혀 보니 왜 그렇게 당부했는지 어렴풋이 알 것 같아요. 만나서 대화하지 못하고 직접 경험하지 못한 나는 텅 빈 믿음만 가지고 있었던 거예요. 뭐랄까, 엄마가 좋아했던 텃밭 재배에 빗대어 생각해 보면 땅을 고르지도 않았으면서 씨앗을 심고는 열심히 물을 주고 볕을 쬐고 영양제도 꽂아 두는 것과 같다고 할까요. 지금껏 해 왔던 '신앙생활'이 껍데기였다는 걸 받아들이기가 쉽지 않았어요. 나도 열심히 믿었는데…. 내 시간, 내 감정, 내 노력, 어느 것 하나 뒤처지지 않게 쏟아부었는데…. 허상을 좇았다는 걸 인정하고 싶지 않았던 것 같아요. 엄마는 이런 나를 알고 있었죠? 내가 하나님보다 엄마를 더 의지하고 더 믿고 있다는 걸 알았죠? 20년이 넘게 유지하던 거리두기를 갑자기 해제하는 것도 어려운 일이었어요. 마음만 먹는다고 엄마의 하나님, 아빠의 하나님이 하루아침에 나의 하나님이 되지는 않더라고요.

그러다 한 가지 작은 사건이 일어났어요. 음, 사실은 꽤 커요. 휴학도 했고 프로젝트도 마쳤으니 슬슬 다음 학기 생활비를 벌어 두어야겠다고 생각하고 아르바이트를 구하고 있었어요. 5월 말인가 그랬을 거예요. 지원했던 영어 학원에서 시강을 해보자고 연락이 왔더라고요. 긴장도 되고 기대도 됐어요. 보수가 꽤 괜찮았거든요. 그런데 하필 수업 날짜가 수요일이었어요. 작년부터 학교에서 수요일 저녁 예배팀을 하고 있었던 거 기억하시죠? 휴학은 했지만 예배팀은 계속했어요. 예배라도 드리지 않으면 안 될 것 같아서 고민이 됐죠. 머리가 뜨거워지는 게 느껴질 정도였어요. 곧 종강이니까 예배는 두 번밖에 남지 않았고, 이 돈을 벌지 않으면 나는 생활고에 시달리게 될 것 같고, 아무리 생각해도 주일도 아닌데 예배 두 번 빠진다고 큰일이 일어날 것 같지는 않은 거예요. 그래서 학원에는 당장 수업하겠다고 했는데, 예배팀에는 바로 말을 할 수가 없었어요. 나도 알았거든요. 이게 답은 아니라는 걸요. 차차차선 정도의 선택지라는 걸 스스로 알았기 때문에 입이 안 떨어졌어요. 결국 3일 전에 연락을 했어요. 지금 말하면 다른 선택지를 찾아보자고 하지 못할 거라고 예상하고 연락한 거였죠.

예상대로 인도자 언니는 착잡한 목소리로 "기도라도 부탁하지 그랬어. 아쉽다."라고 하며 그래도 기도해 보겠다는 말을 하고 전화를 끊었어요. 후련하지는 않았지만 큰 산을 하나 넘은 기분이었죠. 그리고 다음 날, 학원 실장님에게서 문자가 하나 왔어요. 수업과 관련해 의논할 것이 있으니 연락 바랍니다. '설마?' 하는 마음으로 전화를 걸었죠.

"수요일에 수업하는 학생들이 아무래도 학년이 높아 부담이 될 것 같아서요."

"아, 네네."

'아, 그래. 아무래도 학원에서 일하는 게 처음이니까, 나한테 수업을 맡기기 어려우신가 보다.'

"화요일과 목요일로 나누어 수업을 하는 것이 어떨까 해요. 선생님 시간 괜찮으세요?"

까무러칠 뻔했어요. 실장님과 이야기를 마치자마자 떨리는 손을 부여잡고 예배팀 인도자 언니와 전화를 했어요. 이 놀라운 소식을 어서 전하지 않으면 안 되겠다며 전화하는 내내, "어떻게 이러시지? 너무 감사하다. 너무 놀랍다. 우리 하나님 너무 크시다. 어떻게 이러시지?" 하는 말만 계속했어요. 언니가 해 주었던 말이 기억이 나요.

"하나님이 네 예배를 정말 기뻐하시나 봐, 우리 납작 엎드려서 예배하자."

'하나님이 내 예배를 기뻐하시나 봐….' 지금껏 단 한 번도 이런 생각을 해본 적이 없었어요. 하나님이 내 예배를 기쁘게 받으신다는 생각. 예배는 나에게 섬기는 시간, 일하는 시간일 때가 훨씬 많았으니까요. 하나님이 이 언니를 통해서 해 주신 말이라고 생각해요.

"내가 네 예배를 기뻐한단다. 나에게 너의 예배를 더 줄 수 있겠니?"

그날 하나님이랑 거리두기가 많이 완화되었어요. 결국 내가 마음을 열고 하나님을 신뢰하는 정도의 문제였던 거예요.

그리고 또 한 번 하나님이 내 마음의 문을 두드린 날이 있어요. 6월 말, 정말 오랜만에 대면으로 여름 수련회를 하러 간 세종시에서였어요. 셋째 날 특강이었는데, 누가복음 15장의 세 가지 비유를 본문으로 특강을 하시더라고요. 잃어버린 양의 비유를 자세히 말씀해 주시는 걸 듣는데 내가 그동안 하나님을 얼마나 오해하고 있었는지 뼈저리게 깨달았어요. 아흔 아홉 마리 양은 두고 잃어버린 한 마리 양을 찾으러 다니는 목자를 보면서 내가 아흔아홉 마리 양이라고 여겼던 거예요. 하나님은 나도 사랑하시지만 나보다 잃어버린 양을 더 사랑하시고, 잘 따라다니는 나는 조금 덜 사랑하시거나 조금 덜 아끼신다고 생각했어요. 어렸을 때, 엄마와 아빠가 가만히 둬도 알아서 잘하는 나에게는 큰 관심과 사랑이 없고 동생들만 사랑한다고 느꼈던 것처럼요. 목자가 바로 하나님이라는 것만 배웠지, 우리도 아버지의 마음을 알아서 잃어버린 한 마리 양을 함께 찾아야 한다는 것만 배웠지, 나도 한 마리 양이라는 건 몰랐던 거예요. 그 사랑을 이해하려는 노력조차 하지 않고 하나님은 날 사랑하지 않으신다며 혼자 가시 망토를 쓰고 있었어요. 강의를 마치면서 〈사명〉을 불렀는데, 도저히 찬양할 수가 없었어요. 너무 죄송해서, 너무 감사해서, 울음을 삼키느라 입을 뗄 수가 없었어요.

그렇게 하나님이랑 사랑을 시작했어요. 더 이상 가슴에 난 구멍을 메우려고 애쓰지 않지만 점차 충만해지는 것을 느껴요. 천천히, 아주 명백히. 나는 드디어 엄마에게 자랑스럽게 나의 하나님에 대한 이야기를 할 수 있게 되었어요. 엄마와 함께 울며 웃으며 나의 삶에 지극히 개인적으로 일하신 하나님에 대해 많은 말을 쏟아 낼 그날을 기대해요. 나도 엄마만큼이나 할 말을 가득 안고 부푼 가슴으로 올라갈 거예요. 엄마도 기대하세요. 시간이 가는 줄도 모르게, 아차, 그곳은 시간에 매이지 않죠? 아무튼, 쉬지 않고 이야기할 거예요. 엄마가 해 주지 못했던 이야기, 아직 나에게 일어나지 않은 이야기, 가만히 들으시며 미소 지으실 하나님을 영원히 노래하고 싶어요.

그날을 기다리며,

사랑하는 딸 올림.

정슬기

하나님의 대학, 한동대학교에서 공부하고 있다.
푸르른 것을 사랑하고 하나님을 사모한다.
하나님을 더욱 알아 가는 시간을 기쁘게 누리고 있다.